Knaur

Von Erich Bauer sind außerdem erschienen:

Der Mondplaner für Liebe, Gesundheit und Beruf
Das astrologische Gesundheitsbuch
Die Kraft der Ahnen. Familienschicksale im Horoskop
Das Reise-Horoskop. Mit den Sternen in den Urlaub

Über den Autor:

Erich Bauer, geb. 1942, war viele Jahre in therapeutischen Kliniken als Diplompsychologie und Therapeut tätig. Seit 1980 intensive Beschäftigung mit Astrologie. Studium in Indien und den USA, seit dieser Zeit Anwendung der Astrologie gemeinsam mit psychologischen Methoden.
Erich Bauer ist Chefastrologe der weltweit größten Astrologie-Zeitschrift *»Astrowoche«*, bekannt durch regelmäßige astrologische Beiträge in Zeitschriften, Radio und im Fernsehen und Verfasser zahlreicher Veröffentlichungen über Astrologie und verwandte Themen. Seit vielen Jahren betreibt er eine eigene astrologisch-therapeutische Praxis in München und führt Seminare und Einzelsitzungen zum Thema *»Astrologische Familientherapie«* durch.

Erich Bauer

Waage

24. 9. – 23. 10.

Alles über die Waage:

Liebe • Gesundheit • Beruf

Illustrationen von Isabella Roth

Knaur

Besuchen Sie uns im Internet:
www.knaur.de

Originalausgabe 2001

Redaktion: Ralf Lay
Umschlaggestaltung: Zero Werbeagentur, München
Illustrationen: Isabella Roth, Hamburg
Layout und Satz: Sabine Hüttenkofer, München
Druck und Bindung: Clausen & Bosse, Leck
Printed in Germany
ISBN 3-426-77548-4

10 9 8 7

Für Marianne, Peter und Manfred

Die Sternzeichen des nördlichen Tierkreises bilden die Grundlage der Astrologie

INHALT

VORWORT

Astrologie ist eine wunderbare Sache.
Sie verbindet den Menschen mit dem Himmel, richtet seinen Blick nach oben in die Unendlichkeit. Vielleicht steckt hinter der Beschäftigung mit Astrologie zutiefst die Sehnsucht nach unserem Ursprung, unserem Zuhause, nach Gott – oder wie immer man das Geheimnisvolle, Unbekannte nennen will.

Astrologie ist uralt und trotzdem hochaktuell.
Die ersten Zeugnisse einer Sternenkunde liegen Tausende von Jahren zurück. Und dennoch ist sie brandneu. Es scheint, als hätte sie nichts von ihrer Faszination eingebüßt. Natürlich hat sich die Art und Weise astrologischer Beschäftigung verändert. Während früher noch der Astrologe persönlich in den Himmel schaute, studiert er heute seinen Computerbildschirm. Damals konnte man nur von einem Kundigen eingeweiht werden, heute finden sich beinahe in jeder Zeitung astrologische Prognosen.

Astrologie ist populär.
Jeder kennt die zwölf Tierkreiszeichen. Man kann eigentlich einen x-beliebigen Menschen auf der Straße ansprechen und ihn nach seiner Meinung befragen: Er weiß fast immer Bescheid, sowohl über sein eigenes Sternzeichen als auch über die meisten anderen. Die zwölf astrologischen Zeichen sind Archetypen, die im Unterbewußtsein ruhen und auf die man jederzeit zurückgreifen kann.

Astrologie schenkt Sicherheit.
Der einzelne findet sich eingebettet in einer gütigen und wohlwollenden Matrix, ist aufgehoben, hat seinen Platz, so wie auch alle anderen ihren Platz haben.

Astrologie kann gefährlich sein.
Sie kann sowohl den Astrologen wie auch seine Klienten dazu verleiten, sich aus der Wirklichkeit auszublenden. Ersterem scheint sie ein schier perfektes System zu liefern: Konstellationen, die sich auf Bruchteile von Sekunden berechnen lassen, blenden und machen

glauben, man habe es mit einer exakten Wissenschaft zu tun. Genau das ist aber falsch. Die Astrologie ist viel eher eine Kunst oder eine Philosophie als eine Naturwissenschaft. Ihre Vorhersagen sind immer nur ungefähr, zeigen eine Möglichkeit, geben aber keine Garantie. Astrologen wie Ratsuchende driften, wenn sie nicht achtgeben, leicht in eine Pseudowelt ab. In ihr ist zwar alles in sich stimmig, allein es fehlt am validen Bezug zur Wirklichkeit.
Ich bin Astrologe aus Passion. Ich lebe in dieser Welt, aber ich weiß auch, daß sie nicht alles offenbart. Ich freue mich, die Gestirne als Freunde zu haben, und glaube, daß ich so mein Schicksal gütig stimme. Das ist eine Hoffnung, kein Wissen.

Ist Astrologie dann ein Religionsersatz?
Vielleicht. Aber genausogut könnte man auch die Religionen als einen Ersatz für Astrologie bezeichnen. Die Sterne waren jedenfalls zuerst da. Ich betrachte die Planeten wie »Götter«. Aber das tue ich nur, um die Würde zum Ausdruck zu bringen, die ihnen nach meiner Meinung zu eigen ist. Ich weiß jedoch auch, daß sie nicht der Weisheit letzter Schluß sind. Dahinter existiert noch etwas Größeres, Mächtigeres, Unfaßbares.
Am meisten begeistert mich, daß mir die Astrologie die Augen geöffnet hat für die Vielfalt des Lebens. Man neigt doch so sehr dazu, die Welt als einen Teil von sich selbst zu erleben, entweder passend oder nicht – richtig oder falsch. Mit Hilfe der Astrologie habe ich erfahren, daß es verschiedene Prinzipien gibt und damit auch ganz verschiedene Menschen.

Ich wünsche Ihnen beim Lesen Spaß, Spannung, etwas Skepsis – und daß Sie sich selbst und andere besser verstehen.

Erich Bauer im Frühjahr 2001

Eine kurze Geschichte der Astrologie

Am Anfang jeder Geschichte der Astrologie steht das Bild des nächtlichen, mit Sternen übersäten Himmels. Der Mensch früherer Zeiten hat ihn sicher anders erlebt als wir. Er wußte nichts von Lichtjahren und galaktischen Nebeln. Er erschaute das Firmament eher vergleichbar einem Kind. Und als Kind der Frühzeit sah er sich nicht, wie wir heute, als getrennt von diesem Himmel, sondern als eins mit ihm. Er fand sich in allem und fand alles in sich. Und er folgte dem Rhythmus dieses großen Ganzen, ähnlich wie ein Kind seiner Mutter folgt. Dabei fühlte er sich wohl getragen und geborgen.

Wann die Menschheit anfing, sich aus diesem Gefühl der Allverbundenheit zu lösen, ist schwer zu sagen. Die überlieferten Zeichen sind rar und rätselhaft. Aber als der Homo sapiens begann, die Sterne zu deuten, war er dem großen Ozean seit Äonen entstiegen, er sah sich und den Himmel längst als getrennte Einheiten. Doch kam es irgendwann dazu, daß der Mensch Beziehungen zwischen den Sternbildern und dem Leben auf der Erde wiederentdeckte, deren Kenntnis er eigentlich schon immer besaß. Beispielsweise erlebte er, daß ein Krieg ausbrach, während am Himmel ein Komet auftauchte und die normale Ordnung der Sterne störte. Oder er empfand großes Glück, während sich am Himmel zwei besonders helle Lichter trafen. Er begann solch auffällige Lichter mit Namen zu versehen: »Helios« beispielsweise – oder »Jupiter«, »Mars« oder »Venus«. Er ging sogar dazu über, bestimmte Sterne als Gruppen (Sternbilder) zusammenzufassen und ihnen Namen zu geben, etwa »Widder« oder »Großer Wagen«. Immer wieder beobachtete er typische Gestirnskonstellationen, die parallel zu markanten Ereignissen auf der Erde auftraten. Nach den Gesetzen der Logik entwickelte er aus diesen Zusammenhängen mit der Zeit eine Wissenschaft, die Astrologie, die ihm zum Beispiel die Schlußfolgerung erlaubte, daß auf der Erde Gefahr droht, wenn Mars in das Tierkreiszeichen Skorpion eintritt. So fand der Mensch allmählich seine verlorene Einheit wieder und baute eine Brücke, die ihn mit seinem Urwissen verband, das er im Inneren seiner Seele aber nie wirklich verloren hatte.

DER URSPRUNG

Die Urheimat der Sternkunde war nach heutigem Erkenntnisstand Mesopotamien, das Land zwischen den Flüssen Euphrat und Tigris, das jetzt »Irak« heißt. Dort war der menschliche Geist wohl am kühnsten und vollzog als erster endgültig die Trennung zwischen Mensch und Schöpfung. Die Sterne am Himmel bekamen Götternamen, etwa den des Sonnengotts Schamasch und der Göttin Ischtar, die auch als Tochter der Mondgöttin verehrt wurde und die sich als leuchtender Venusstern offenbarte. Da der Mond, die Sonne und einige andere Lichter im Vergleich zu den Fixsternen scheinbar wanderten, nannte man diese Planeten »umherirrende« oder »wilde Schafe« und unterschied sie von den »festgebundenen« oder »zahmen Schafen« – den Fixsternen, die vom Sternbild Orion, dem »guten Hirten«, bewacht wurden. Der größte Planet des Sonnensystems, mit heutigem Namen »Jupiter«, war im Land zwischen den zwei Strömen ein Sinnbild des Schöpfergottes Marduk. Sein Sohn und Begleiter hieß »Nabu« und wurde später zu »Merkur«. Das rötlich funkelnde Gestirn Mars wiederum war die Heimat des Herrn der Waffen, der genauso als Rachegott angesehen wurde. Saturn war ebenfalls bereits entdeckt worden und wurde als eine »müde Sonne« betrachtet. Außerdem galt er als Gott der Gerechtigkeit, Ordnung und Beständigkeit. Gemeinsam mit anderen Göttern erhob sich schließlich der Rat der zwölf Gottheiten, und damit hatten auch die zwölf verschiedenen astrologischen Prinzipien ihren Auftritt. Zu all diesen Erkenntnissen kam man im Zweistromland etwa zwischen dem 7. und 4. vorchristlichen Jahrhundert.

Man hat Tafeln aus dem 2. Jahrhundert vor Christus gefunden, auf denen Beobachtungen über den Lauf von Sonne, Mars und Venus eingezeichnet waren. Auch Zeugnisse von ersten Geburtshoroskopen stammen aus dieser Zeit. Im Jahr 1847 wurden bei den Ruinen von Ninive 25 000 Tontafeln ausgegraben. Man datierte sie ins Jahr 600 vor Christus. Auf einem Teil dieser Tafeln befinden sich Weissagungen, die, mit etwas Zeitgeist aufgefrischt, ohne weiteres der astrologischen Seite einer modernen Tageszeitung entstammen könnten: »Wenn Venus mit ihrem Feuerlicht die Braut des Skorpions beleuchtet, dessen Schwanz dunkel ist und dessen Hörner hell leuchten, so wird Regen und Hochflut das Land verwüsten.«

Das ist eine »professionelle« astrologische Vorhersage. Damit war Spezialistentum an die Stelle einer ganzheitlichen Naturerfahrung getreten. Denn inzwischen hatte nur der fachkundige Astrologe die Zeit und das Wissen, den Himmel zu studieren, um daraus Rückschlüsse auf die Ereignisse im Weltgeschehen zu ziehen. Bald mußte dieser Fachmann auch nicht einmal mehr den Himmel selbst beobachten. Spätestens im 1. Jahrhundert vor Christus gab es Ephemeriden. Das sind Bücher, aus denen die Stellung der Gestirne zu jeder beliebigen Zeit herausgelesen werden kann. Die Astrologie, wie sie auch heute noch betrieben wird, war damit endgültig geboren.

DIE BLÜTE

In den nun folgenden anderthalbtausend Jahren erlebte die Astrologie eine Blütezeit kolossalen Ausmaßes. Dafür steht ein so bedeutender Name wie Claudius Ptolemäus. Er lebte im 2. Jahrhundert nach Christus und vertrat das geozentrische Weltbild mit der Erde im Mittelpunkt, auf das sich die Menschheit nach ihm noch länger als ein Jahrtausend beziehen sollte. Er war Geograph, Mathematiker und ein berühmter Astrologe und Astronom, der das bis in unsere Zeit fast unveränderte Regelwerk der Astrologie, den *Tetrabiblos*, welcher aus vier Büchern besteht, verfaßte. Darin riet er zu einer sorgfältigen Gesamtschau des Geburtshoroskops. Er erwähnte auch, daß man bei der Beurteilung eines Menschen ebenso dessen Milieu und Erziehung berücksichtigen solle, was einer modernen ganzheitlichen psychologischen Betrachtungsweise entspricht.
Eine spätere Berühmtheit in der Geschichte der Astrologie war Philippus Theophrastus Bombastus von Hohenheim (1493–1541), der sich selbst stolz Paracelsus nannte. Er war Arzt, Alchimist sowie Philosoph, und von ihm stammt jener von Astrologen so viel zitierte Satz: »Ein guter Arzt muß immer auch ein guter Astronomus sein.« Dazwischen lebte der Bischof Isidor von Sevilla (560–636). Er schrieb, ein Arzt solle immer auch sternkundig sein. Erwähnt werden muß natürlich die berühmte weibliche Vertreterin einer sternenkundigen Heilkunst, Hildegard von Bingen (1098–1179). Sie war fasziniert von den Analogien zwischen Himmel und Erde, sammelte Kräuter, pflanzte sie im Klostergarten an und schrieb über die Wirkung der Mondphasen. Natürlich war die heilige Hildegard nicht der einzige weibliche astrologisch denkende Mensch. Aber ihr Name sei hier stellvertretend genannt für

all die Frauen, die als Tempelpriesterinnen, Nonnen und angebliche Hexen ihr ganzheitliches Wissen über die Jahrhunderte hinweg weitergegeben haben.
Bis ins 16. Jahrhundert dauerte die Hoch-Zeit der Astrologie. Beinahe alle angesehenen Denker – wie Platon und Aristoteles im Altertum, Naturwissenschaftler wie Nikolaus Kopernikus (1473–1543), Johannes Kepler (1571–1630) und Galileo Galilei (1564–1624) – dachten astrologisch und berechneten auch Horoskope. Am bekanntesten ist das von Kepler angefertigte Horoskop Wallensteins aus dem Jahr 1608. Die Astrologie wurde an den Universitäten gelehrt, und auch viele Bischöfe und einige Päpste förderten die Sternkunde. Wie es heute selbstverständlich ist, daß ein Naturwissenschaftler Einsteins Relativitätstheorie kennt und versteht, so war damals jeder denkende Kopf in der Astrologie bewandert.

DER NIEDERGANG

Bereits Ende des 16. Jahrhunderts hatte die Astrologie ihren guten Ruf in vielen Ländern Europas verloren. Es gab päpstliche Anordnungen wie die Bulle »Constitutio coeli et terrae« von 1586, in der ein Verbot der Astrologie ausgesprochen wurde, und die meisten Universitäten schafften ihren Lehrstuhl für Astrologie ab.
Worauf war dieser rapide Niedergang zurückzuführen? Es gibt sicher zahlreiche Gründe. Der wichtigste ist, daß sich der menschliche Geist von den Fesseln tradierter Vorstellungen zu befreien begann. Er löste sich mit der Reformation von Rom und später mit der Französischen Revolution von seinen königlichen und kaiserlichen »Göttern«. Da war es nur konsequent, sich auch von den »Göttern am Himmel« loszusagen. Der zweite Grund war der, daß sich im Laufe der Zeit grobe Fehler astrologischer Vorhersagen herumsprachen. So hatte es wohl keine Prophezeiung gegeben, die den Dreißigjährigen Krieg oder die Pest rechtzeitig in den Sternen sah. Der dritte Grund wird häufig von den professionellen Astrologen angeführt. Sie behaupten, daß die falschen Propheten, also die unseriösen Astrologen, der wahrhaften Sterndeutekunst das Aus bescherten. Eine Kunst wie die Astrologie lockt natürlich auch faustische Gestalten an, die davon besessen sind, dem Schicksal einen Schritt voraus zu sein. Solche Schwarmgeister

Die 1524 prophezeite Sintflut aufgrund einer Planetenballung im Fischezeichen fand nicht statt

und falsche Propheten haben der Astrologie bestimmt geschadet, besonders auch, weil durch die Erfindung der Buchdruckerkunst jede selbst noch so törichte Prophezeiung in einer hohen Auflage verbreitet werden konnte. Aber den guten Ruf der Astrologie haben letztlich auch sie nicht ruiniert.
Nein, es waren die Astrologen selbst. Als im 16. und 17. Jahrhundert durch immer neue Entdeckungen die Erde ihre zentrale Stellung verlor und sich ein völlig neues naturwissenschaftliches Verständnis durchsetzte, versuchte die Astrologie mitzuhalten und verlor wegen ihrer unhaltbaren Thesen jeden Kredit in den gelehrten Kreisen. Schon Kepler, der seiner Zeit um Jahrzehnte voraus war, hatte die Astrologen gewarnt und ihnen geraten, ihre Kunst nicht auf einen naturwissenschaftlichen, sondern auf einen philosophischen Boden zu stellen. Er sagte, es sei unmöglich, zu denken, daß die Sterne mittels irgendwelcher Strahlungen die menschliche Seele berühren könnten. Er sprach in diesem Zusammenhang von einem astrologischen Instinkt, der im menschlichen Geist verankert sei. Aber sein »psychologischer Ansatz« wurde überhört und ging schließlich völlig unter. Die Astrologen sahen sich im Gegenteil dazu veranlaßt, immer hanebüchenere »wissenschaftliche« Thesen aufzustellen. Die Folge war ein gewaltiges Gelächter der gesamten gelehrten Welt im 17. Jahrhundert, das bis heute noch nicht verklungen ist.

DER NEUBEGINN

Erst im 19. und dann besonders im 20. Jahrhundert besann sich der Mensch wieder vermehrt seiner fernen Vergangenheit. Der Schweizer Psychoanalytiker C. G. Jung etwa sagte, daß die Astrologen endlich darangehen müßten, ihre Projektionen, die sie vor Jahrtausenden an den Himmel geworfen hätten, wieder auf die Erde zurückzuholen. In jeder menschlichen Seele seien die Kräfte der astrologischen Archetypen, der archaischen Urbilder, enthalten und dort wirksam. So wird der Raum am Himmel mit den Zeichen und Planeten zu einer Landkarte menschlicher Anschauung. Dabei ist es nicht so, daß zum Beispiel der Planet Mars die Geschicke *bestimmt*, sondern er *zeigt* durch seine Position den Gesetzen der Analogie folgend *auf*, was in der menschlichen Seele vor sich geht.

Nach seiner jahrtausendelangen Reise heraus aus der Allverbundenheit hat der Mensch also begonnen, den Bezug zu seinen Ursprüngen wiederherzustellen. Er besinnt sich als kritischer und freier Geist darauf, was schon immer in ihm vorhanden war. Damit beginnt die Ära einer psychologischen oder philosophischen Astrologie. Und das ist auch die Geburtsstunde einer Astrologie, die ganzheitlich denkt und arbeitet.

In etwa parallel zu dieser allmählichen Hinwendung zur Psychologie und Philosophie übernahmen Computer mit entsprechender Software den komplexen Rechenvorgang zur Erstellung eines Geburtshoroskops. Bis vor vielleicht zehn, zwanzig Jahren gehörte es zum Standardkönnen eines jeden Astrologen, Horoskope zu berechnen und zu zeichnen. Dies ist sehr wahrscheinlich einer der Gründe, warum Frauen unter den Sterndeutern damals deutlich in der Minderzahl waren. Es ist einfach nicht ihr Metier, sich mit trockenen Zahlen und komplizierten Berechnungen herumzuschlagen, wo es doch um seelische Vorgänge geht – und diese Feststellung ist in keiner Weise abwertend gemeint, denn heute sind Frauen unter den Astrologen bei weitem in der Überzahl.

Der PC spuckt nach Eingabe von Name, Geburtsdatum, -ort und -zeit in Sekundenschnelle das Horoskop aus. Die astrologische Kunst scheint jetzt »nur« noch darin zu bestehen, die Konstellationen richtig zu deuten. Und auch hier ersetzt der Computer mehr und mehr den Astrologen. Es gibt schon seit einigen Jahren Programme, die mit entsprechenden Textbausteinen zu bemerkenswert treffenden Aussagen kommen. Ist dies nun das Ende der Sterndeuter? Ich meine: im Gegenteil! Überlassen wir dem »Computer-Astrologen« ruhig die Grundarbeit. Das spart Zeit. Dafür kann der »Mensch-Astrologe« die einzelnen Fakten im Sinne einer ganzheitlichen Schau zusammentragen und sich völlig dem Verständnis der einmaligen, individuellen Persönlichkeit widmen. Ebendafür ist ein großes Maß an Intuition, die ja gerade eine weibliche Stärke ist, mit Sicherheit von Vorteil.

Teil I DAS TIERKREISZEICHEN

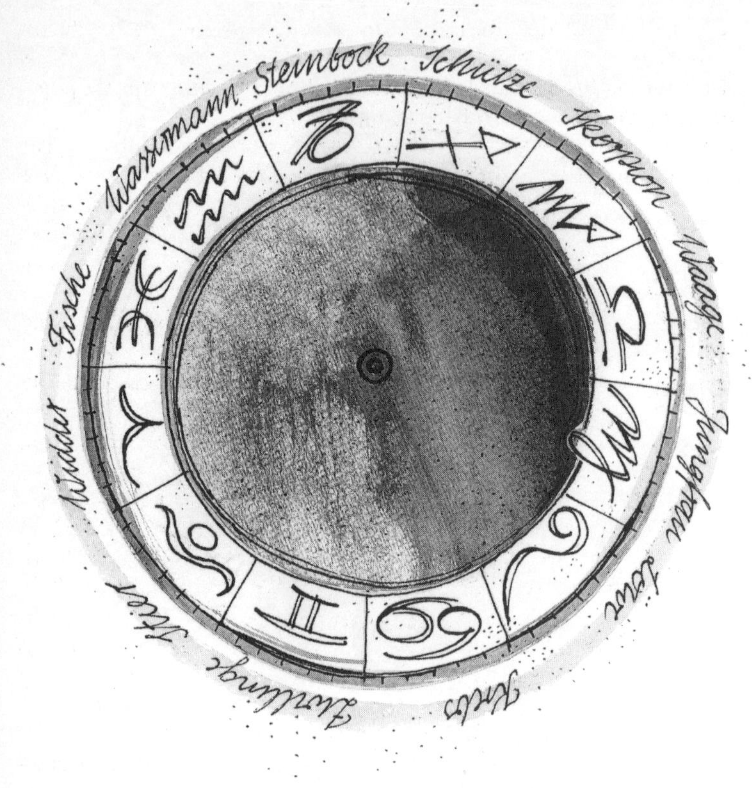

Der astrologische Tierkreis besteht aus zwölf Tierkreiszeichen

WAS IST EIGENTLICH EIN TIERKREISZEICHEN?

Die Erde dreht sich bekanntlich einmal im Jahr um die Sonne. Von uns aus gesehen, scheint es aber so zu sein, daß die Sonne eine kreisförmige Bahn um die Erde beschreibt. Der Astrologie wird vielfach vorgeworfen, sie ignoriere diesen grundlegenden Unterschied. In Wirklichkeit ist er für die astrologischen Berechnungen und Horoskopdeutungen jedoch nicht von Bedeutung.
Diesen in den Himmel projizierten Kreis nennt man »Ekliptik«. Die Ekliptik wird in zwölf gleich große Abschnitte gegliedert, denen die Namen der zwölf Tierkreiszeichen zugeordnet sind. Zwischen dem 24. September und dem 23. Oktober durchläuft die Sonne gerade den Abschnitt Waage, weswegen dieses Tierkreiszeichen auch Ihr »Sonnenzeichen« genannt wird.
Jedes Tierkreiszeichen symbolisiert bestimmte Charaktereigenschaften und Verhaltensweisen, die mehr oder weniger typisch für die in dem betreffendem Zeitraum geborenen Menschen sind. Wie schon im Vorwort angedeutet wurde, handelt es sich bei diesen Archetypen allerdings nur um *einen* Aspekt der Persönlichkeit, der durch die Aussagen ergänzt bzw. beeinflußt wird, die sich herleiten von dem individuellen Aszendenten und der Tierkreiszeichen-Stellung der anderen Planeten zum Zeitpunkt der Geburt (dazu später mehr). Für ein wirklich aussagekräftiges Horoskop müssen Sie also auch die übrigen Konstellationen berücksichtigen und sie mit Ihrem Sonnenzeichen in Beziehung setzen.
Ebenso wie der Kreislauf des Jahres wird die Bahn, welche die Sonne an einem Tag scheinbar um die Erde zurücklegt, in zwölf Abschnitte gegliedert. So können etwa Ihr Aszendent und damit der Anfang des ersten Hauses sowie die Mondposition gefunden werden.
In diesem Buch werden nicht alle, aber die wichtigsten Horoskopfaktoren sowie ihre Ermittlung und Bedeutung besprochen. Wenn Sie darüber hinausgehende Informationen wünschen, finden Sie eine Fülle spezieller Fachliteratur dazu. Die genauen Gestirnspositionen zum Zeitpunkt Ihrer Geburt können Sie zum Beispiel den vom Computer errechneten Horoskopzeichnungen entnehmen, die inzwischen von vielen Anbietern verschickt werden (siehe auch die Info am Ende des Buches).
Doch beginnen wir jetzt mit der Betrachtung Ihres Sonnenzeichens, um zunächst einmal herauszufinden, was denn nun »typisch Waage« ist.

Waage

Tierkreiszeichen Waage – DER HINTERGRUND

Wenn man den Zodiakus (= Tierkreis) betrachtet, fällt etwas auf, nämlich daß die Waage das einzige gegenständliche Zeichen ist. Es gibt »Tierzeichen«, zum Beispiel Widder, Löwe oder Skorpion, und es gibt »Menschenzeichen« wie Zwillinge, Jungfrau oder Wassermann. Aber es existiert nur dieses einzige gegenständliche Zeichen, die Waage. Und schon in dieser Namensgebung liegt ein zentrales Geheimnis über die Waage verborgen. Um es zu verstehen, muß man jedoch erst einmal die Position der Waage im Zodiakus beachten.

Der Tierkreis beginnt mit dem Widder. Er steht am Anfang, und er symbolisiert tatsächlich einen Neubeginn. Stellen Sie sich ein Ei vor, das gerade aufbricht, aus dessen Innerem sich ein neues Wesen mit aller Kraft nach außen, hinaus in das Leben drängt. Wenn das neue Lebewesen seinen ersten tiefen Atemzug genommen hat und auf seinen

eigenen Beinen stehen kann, wird es beginnen, den Raum zu erobern. All das gehört symbolisch zum Tierkreiszeichen Widder: aufbrechen, sich ausdehnen, erobern, einnehmen.
Irgendwann wird unser neugeborenes Wesen vielleicht einen bestimmten Platz als seinen eigenen erleben und durch entsprechende Vorkehrungen wie Markierungen oder Abgrenzungen versuchen, ihn zum Eigentum zu erklären. Damit beginnt das zweite astrologische Prinzip, nämlich Stier: absichern, Fuß fassen, Raum nehmen, schützen, bewahren, sammeln, aneignen, besitzen.
Das dritte Prinzip, Zwillinge, beginnt in dem Augenblick, in dem wir anfangen, andere Lebewesen wahrzunehmen und mit ihnen Kontakt aufzunehmen. Diese Kontaktaufnahme ist allerdings völlig auf sich selbst bezogen. Ich meine damit, daß auf der Entwicklungsstufe der Zwillinge noch keine wirkliche Begegnung stattfindet, sondern »das andere« nur im Hinblick auf das eigene Selbst gesehen und eingestuft wird: Was gibt mir das oder der andere, was hat der andere, was unterscheidet ihn von mir? Die Zwillingeenergie kann man am besten mit dem Spiel von Kindern vergleichen. Sie sind vollkommen in Kontakt miteinander, der jedoch bei der kleinsten Störung oder Unstimmigkeit abgebrochen wird und sich in Auseinandersetzung und Streit verkehrt: Das ist noch keine soziale, reife, von gegenseitigem Respekt getragene Beziehung oder gar Partnerschaft.
Mit dem vierten Zeichen, dem Krebs, beginnt eine völlig neue Seinsebene, nämlich die des Fühlens oder »Sich-in-sich-selbst-Findens«. Auf der Entwicklungsstufe des Krebses erlebt sich der Mensch nicht als Macher (Widder), als Besitzer (Stier), als Begegnender (Zwillinge), sondern als Seiender. Wie gesagt: Er sucht und findet sich »in sich selbst«. Diese Bewegung nach innen kehrt sich beim Löwen um. Man hat sich selbst »gefunden«. Jetzt entsteht ein nach außen gerichteter Impuls, ein Wunsch, sich zu zeigen und andere in seinen Bann zu schlagen.
Mit dem sechsten Zeichen, der Jungfrau, entsteht wieder etwas Neues. Auf der Ebene des Löwen hat sich der Mensch – symbolisch gesprochen – als Einzelwesen erfüllt. Jetzt beginnt der mühsame Prozeß der Anerkennung einer anderen Realität als der eigenen. Vom Zeichen Widder bis zum Löwen ist »das Leben« aus astrologischer Sicht nur an sich selbst interessiert und aus sich selbst heraus motiviert. Alles, was außerhalb der eigenen Individualität existiert, dient nur dem eigenen Ich, der eigenen Befriedigung und der eigenen Entwicklung. Ab der Stufe des Zeichens Jungfrau wird der Mensch sozial, er nimmt nun

wahr, daß außerhalb seiner selbst eine andere Realität existiert, die genauso wichtig und wertvoll ist wie die eigene.
Auf der Ebene der Waage, des nächsten Zeichens, ist dieser Prozeß – bildlich gesprochen – »abgeschlossen«. In jeder Waage schlummert vom ersten Tag ihres Lebens an das Wissen, daß die anderen Wesen genauso wichtig sind wie sie selbst. Um diesem Sachverhalt das richtige Gewicht zu geben, schuf die Astrologie das Bild der Waage. Eine Waage ist ein Gegenstand, eine Sache, leblos, ohne Gefühle. Die Astrologie will damit zum Ausdruck bringen, daß auf dieser Ebene Gefühle stören könnten. Das bedeutet auf keinen Fall, daß Waagegeborene gefühllos wären. Ganz im Gegenteil, Waagen sind ausgesprochene Stimmungsmenschen. Ihre Gefühle kommen jedoch nicht – wie zum Beispiel beim Widder oder Krebs – unmittelbar »aus dem Bauch« oder »aus dem Herzen«. Die Gefühle der Waage resultieren aus der Stimmigkeit zwischen ihr und ihren Mitmenschen. Sie entstehen sozusagen verzögert, erst durch die Reflexion über einen anderen.

Die Waage sucht das Gleichgewicht

ICH UND DU IM GLEICHGEWICHT

Erst auf der Ebene der Waage existiert ein wirkliches Du. Um unser Bild von dem Wesen wieder aufzugreifen, das beim Widder mit aller Kraft durch das Ei gebrochen ist, können wir jetzt sagen, daß es ein weiteres Wesen gefunden hat. Nicht, um mit ihm zu kämpfen (Widder), es auszugrenzen (Stier), mit ihm zu spielen (Zwillinge), es zu fühlen (Krebs), zu beherrschen (Löwe), ihm zu dienen (Jungfrau), sondern um ihm zu begegnen wie einem zweiten Ich.

Daran liegt es, daß Sie sich so sehr nach einem anderen Wesen sehnen. Erst mit einem Du fühlen Sie sich ganz und vollständig. Wenn Sie allein sind, fehlt Ihnen sozusagen Ihre andere Hälfte, dann können Sie nicht so gut fühlen, weil Ihre Emotionen ja erst im Zusammenschwingen mit einem anderen entstehen.

Bestimmt können Sie jetzt auch noch besser verstehen, warum Sie aus sich selbst heraus so unentschieden und wenig spontan sind. Wie sollte es auch anders sein, wo Sie doch Ihre Entscheidungen immer erst treffen, *nachdem* Sie sich beim anderen rückversichert haben. Eigene Entscheidungen zu treffen macht für Sie eigentlich überhaupt keinen Sinn. Und mit der Spontaneität ist es doch genauso: Widder, die können leicht spontan sein, weil sie nur »sich selbst leben«. Aber wie können Sie einfach so hoppla, hopp loslegen, wo Sie doch immer darauf warten, daß Ihr anderes Ich, und sei es auch nur ein imaginäres, mit Ihnen kommt ...?!

Sie haben richtig verstanden. Wenn kein wirkliches Du vorhanden ist, erfinden Sie eines, dem gegenüber verhalten Sie sich genauso wie einem richtigen aus Fleisch und Blut. Und da Sie schließlich nicht als »siamesischer Zwilling« auf die Welt gekommen sind, der mit seinem zweiten Ich untrennbar verbunden ist, kommt das imaginierte Ich eben doch viel häufiger vor als das echte.

Damit kennen Sie einen der wichtigsten Gründe, warum Sie als Waage so ungeheuer viel denken. Dieses Nachsinnen ist wie ein Gespräch mit dem imaginären Partner (meistens sind es mehr als nur einer). Denken ist so betrachtet ein nach innen verlagertes Beziehungsspiel, das Freund und Feind mit einbezieht. Es gibt Waagen, vor allem Männer, die dieses Spiel bis zur Perfektion entwickeln, Wissenschaftler, Politiker oder Strategen werden und das Denken derartig perfektionieren, daß nicht die kleinste Kleinigkeit fehlt: Stellen Sie sich einen Schachspieler vor, der vor jedem Zug zwischen den 32 Figuren geistig hin und her eilt, jede Figur »befragt«, mit der Antwort wieder zu einer anderen geht, nachfragt, zurückkommt ... und Sie haben ein Bild davon, was im Kopf mancher Waagen vorgeht.

DIE »LIEBESKÜNSTLER(INNEN)«

Jetzt habe ich viel über das »innere Du« einer Waage gesprochen und möchte wieder zum »äußeren« kommen.
Waagen sind Beziehungskünstler, und zwar vom ersten Atemzug an. Es ist, als besäßen sie ein besonderes Organ, mit dessen Hilfe sie andere erspüren können. Waagekinder wissen genau, was ihrem Papa fehlt und was ihre Mama braucht. Wie kleine Engel wecken sie die Bedürfnisse in anderen Menschen und versuchen, sie zu erfüllen.
Ich bin überzeugt davon, daß Waagekinder fast immer in solche Familien hineingeboren werden, in denen das gegenseitige Verstehen nicht mehr funktioniert. Mit anderen Worten: Wenn zwei Menschen ein Waagekind geschenkt bekommen, ist dies quasi stets ein Ausdruck dafür, daß sie sich nach jemandem sehnen, der sie wieder mehr miteinander verbindet.
Waage ist also ein anderes Wort für »Verbindung«, für »Verstehen«, für »gegenseitigen Respekt« und – jetzt komme ich zum wichtigsten Wort – für »Liebe«. Wohlverstanden: Liebe auf der Ebene der Waage ist kein Gefühlsrausch, ist nicht getragen von Leidenschaft. Das alles kann zu einer Partnerschaft gehören, aber es ist nicht das Wesentliche in den Augen der Waagegeborenen. Entscheidend ist, daß sich zwei Menschen in gegenseitigem Respekt anerkennen und achten. Daß jeder den anderen so wichtig nimmt wie sich selbst. Daß keiner etwas unternimmt, ohne sich beim anderen rückversichert zu haben. Das Ich ist also mit dem Du unlösbar verbunden, und trotzdem existiert das eine wie das andere für sich. Es verhält sich wie bei der (richtigen) Waage: Beide Schalen sind miteinander verbunden, und was immer auf der einen Seite geschieht, wirkt sich auf die andere aus – und dennoch existiert jede der beiden Hälften für sich.
Die Waage steht im Tierkreis der zwölf Seinsformen für die Existenz der Liebe, weil die Liebe für das Fortbestehen der Spezies Mensch Voraussetzung ist; vielleicht aber auch, weil Liebe etwas ist, was uns Menschen aus einer höheren Quelle zufließt.

Freilich, immer auf ein Du zu warten – alles mit einem (existenten oder nichtexistenten) Partner durchzuspielen – schafft auch ungeheure Probleme. Es mag der Eindruck entstehen, als glaubten Waagen zuwenig an sich selbst: »Ich sehe das so.« Und sie setzen sogleich eins drauf: »Ja, natürlich, man kann das auch ganz anders betrachten ...!« Selbst das ist noch nicht alles: »Nein«, geht es dann weiter, »es ist doch so, wie ich es zuerst meinte.« – Waagen müssen einfach lernen, sich mehr für ihre Bedürfnisse einzusetzen, notfalls auch mit Hilfe eines psychologischen Trainings.

Der starke Hang zum Du, das große Gespür für andere, die Gabe, sich beinahe völlig in einen fremden Menschen hineinversetzen zu können, daraus resultiert also ihre Schwäche: Aus sich selbst heraus ist die typische Waage unentschieden, schwach, schwankend und endlos wägend. Ohne ein Gegenüber, auf das sie sich beziehen kann, weiß sie am Ende selbst nicht mehr, wer sie ist und was sie will. Ohne zwischen anderen vermitteln zu können, zu arrangieren und auszugleichen, fühlt sie sich hilflos und ohne Wert. Aus sich selbst heraus zu handeln, eine »ichhafte« Tat zu vollbringen, fällt ihr enorm schwer.

Und hier gleich noch eine Schattenseite, die Sie einfach kennen müssen: Sie sind nicht nur ein Engel! Auch wenn Sie sich noch so bemühen, vollendet schön und stilvoll zu sein. Es ist zwar so, daß Sie, je mehr Sie die angenehmen Seiten kultivieren, gleichzeitig die unangenehmen aus Ihrem Bewußtsein aussperren. Aber diese – und jetzt kommt der Haken – lösen sich deswegen nicht auf; sie verschaffen sich irgendwann Zutritt ins reale Leben. Ich kenne zum Beispiel einen Heilpraktiker, der Waage ist. Er erzählte mir, daß eine Patientin zu ihm kam, von der er sofort spürte – eben, eine Waage spürt alles, auch die negativen Seiten –, daß sie ständig log. Um sie nicht zu verletzen, behandelte er sie freundlich, zuvorkommend und sehr respektvoll. Bei seinen Notizen jedoch vermerkte er: »krankhafte Lügnerin ...!« Zum Schluß schrieb er ihr ein Rezept, riß es vom Rezeptblock und überreichte es ihr. Was glauben Sie, welchen Fehler er dabei machte? Er gab ihr aus Versehen seinen Notizzettel mit ...!

Wenn Sie eine Waage sind, dürfen Sie Ihre dunklen Seiten nicht verdrängen! Machen Sie sich irgendwie Luft! Lernen Sie zu streiten! Spielen Sie Squash, Tennis oder irgend etwas anderes, womit Sie jemanden »richtig fertigmachen« können!

Liebe, Sex UND PARTNERSCHAFT

Wie gesagt, für eine Waage ist Liebe ihre Existenzberechtigung, zu lieben heißt zu leben. Beim Du findet die Waage Sicherheit, und ohne diesen anderen Menschen verliert sie den Boden unter den Füßen. Von dem Augenblick an, da Waagegeborene ihre wunderschönen Augen öffnen und das Licht der Welt erblicken, sind sie liebesfähig. Sie entwickeln diese Kunst im Lauf des Lebens zur allerhöchsten Perfektion. Ich kenne keine Waage, die sich nicht an eine Kindheit erinnert, in der sie mit kindlicher Hingabe und Liebe versucht hat, die Bedürfnisse ihrer Eltern zu erfüllen, die häufig extrem unterschiedlich waren. In aller Regel erlebt ein Waagekind seine Eltern als zerstritten oder lieblos. Es fühlt sich daher dazu verpflichtet, seinen Eltern das zu geben, was ihnen fehlt: Liebe, Zärtlichkeit, Herzlichkeit, Freude ...
Es gibt Waagekinder, die bereits mit einem halben Jahr das Gespür eines ausgebildeten Partnertherapeuten zu besitzen scheinen. Solche Babys tun genau das, was für den Moment die Spannung in einer Beziehung verringert. Erst kürzlich führte ich mit einer Familie eine Partnersitzung durch. Hier der Vater, ein Stier, dort die Mutter, eine Löwin, und dazwischen spielte ein Waagekind mit Legosteinen: »Unser Babysitter ist kurzfristig ausgefallen.« Inzwischen weiß ich, daß Eltern, die ihre Kinder mit in die Therapie bringen, immer eine unbewußte Absicht hegen. Ist es ein Waagekind, wollen sie dem Therapeuten mitteilen: »Schau, wir lieben uns, auch wenn es nicht danach aussieht.« Das Kind in meiner Sitzung verhielt sich dann auch entsprechend: Es benahm sich wirklich wie ein kleiner Engel, der reinste Wonneproppen, es lächelte abwechselnd mich, den Vater und dann die Mutter an. Als die Mutter begann, die Schwierigkeiten zwischen sich und ihrem Mann anzusprechen, stand das Kind sofort auf, stellte sich zwischen die beiden und berührte mit seinen süßen kleinen Händchen liebevoll jeweils ein Knie. »Schau«, wollte es damit sicher sagen, »die beiden lieben sich – denn es gibt ja mich.« Wenn man so etwas sieht, wundert es einen nicht, daß aus solchen Kindern später einmal große Diplomaten, Verkäufer, Politiker oder Psychotherapeuten werden: Die Fähigkeit, sich in andere hineinzuversetzen, Gedanken und Gefühle zu erahnen, lernen Waagen sozusagen von Kindesbeinen an.
Ist es überhaupt möglich, die Liebe einer erwachsenen Waage in Wor-

te zu fassen? Natürlich fällt mir in diesem Zusammenhang die göttliche Venus ein. Sie ist ja der regierende Planet aller Waagegeborenen und schon seit jeher ein Symbol für Liebe, Lust, Zärtlichkeit, Leidenschaft, Zweisamkeit, Anziehung, Nähe, Knistern, Flirten, Sehnsucht, Verschmelzung, Sinnlichkeit. Vor allem aber war Venus-Aphrodite eine Gestalt mit unvergleichlichen Reizen. Jede Waage, gleichgültig, ob Mann oder Frau, besitzt etwas von dieser venusischen Ausstrahlung, weckt beim anderen den Traum, Venus persönlich nahe zu sein. Typische Waagen sind schön, anmutig, charmant, liebreizend, zärtlich, einfühlsam. Sie geben ihrem Gegenüber das Gefühl, das gefunden zu haben, was er bzw. sie erträumt hat, seinen/ihren Liebestraum ... Manchmal glaube ich sogar, daß Waagegeborene genau spüren, welches Liebesideal im anderen steckt. Und diesen Traum wollen sie erfüllen, denn dann ist auch der ihrige erfüllt.
Wie alle Luftzeichen finden Waagen leicht Kontakt und damit auch einen Partner. Eine Solo- bzw. Single-Waage sendet durch jede Pore ihres Körpers Signale aus: »Ich bin frei, ich bin zu haben.« Eine Waage, die längere Zeit allein ist, folgt daher einem anderen, ihr selbst vielleicht unbewußten Programm. Hier wird das Geburtshoroskop Aufschluß geben. So kann es zum Beispiel sein, daß ein Waagegeborener den Mond oder den Aszendenten im Fischezeichen hat und von daher auch dem Wunsch folgt, allein zu sein.

DIE BEZIEHUNGS- UND BINDUNGSFÄHIGKEIT DER WAAGE

Für beides, Beziehungs- wie Bindungsfähigkeit, bekommt sie zweimal eine Eins plus. Denn von Kindesbeinen an scheint sie nichts anderes als die Gesetze des zwischenmenschlichen Spielens und Seins zu lernen. Darin besteht für mich überhaupt kein Zweifel: Die Waage ist der Champion beim Partner- und Beziehungsspiel. Jeder kann sich glücklich schätzen, sie als Partner bzw. Partnerin gefunden zu haben. Und dennoch gibt es ein Problem: Weil Waagen ihre eigenen Gefühle stets hinter die des Partners zurückstellen, geben sie aus der Hand, was für eine Beziehung auch ungeheuer wichtig ist, nämlich eine *gesunde* Portion an Egoismus. Wenn Sie eine typische Waage sind und Ihre Erfahrungen auf dem Gebiet der Liebe gemacht haben, werden

Sie wissen, wie lange es dauern kann, bis Sie endlich protestieren. Sie sehen ja immer den anderen zuerst. Sie fühlen zunächst gar nicht Ihre Bedürfnisse, sondern die des Partners. Sie versetzen sich sogar dann noch in die andere Person, wenn sie Dinge tut, die Sie verletzen. Kürzlich war beispielsweise eine Waagedame in meiner Praxis. Ihr Mann betrügt sie seit Jahren. »Wie kann ich ihm denn Vorwürfe machen«, sagte sie in der Sitzung, »wo ich doch sehe, wie glücklich er ist.« Das ist vielleicht der größte Nachteil der wunderschönen, ausgeglichenen, harmonischen Waage, daß sie im entscheidenden Moment die eigenen Gefühle nicht spürt oder sich nicht getraut, sie zu artikulieren: aus Rücksicht, aus Angst, dem Partner weh zu tun, ihr herrliches Zuhause, das da Liebe heißt, zu zerstören und zu verlieren.
Ich kenne Waagen, die von ihren Partnern nach Strich und Faden betrogen werden und nichts sagen, sondern versuchen zu strahlen. Ich kenne Waagen, die von ihren Partnern schikaniert, mißachtet und lieblos behandelt werden. Aber es wird nicht protestiert. Viele Waagen leiden stumm vor sich hin, am Bild einer Liebe festhaltend, das längst nicht mehr existiert. Aber anscheinend ist ihre Pein immer noch nicht so bedrohlich wie die Angst, allein und ohne Liebe zu sein.
Wenn eine Beziehung scheitert, erlebt das die Waage immer als persönliches Versagen. Weil sie sich von Kind auf als Wächterin und Retterin der Liebe erlebt, die Liebe für sie Aufgabe und Erfüllung bedeutet, verliert sie, wenn eine Beziehung scheitert, ihre Sicherheit, ihr Zuhause, ihren Lebenssinn. Nach einer Trennung ist es daher wichtig für jeden Waagegeborenen, an sich selbst zu arbeiten und sich von Schuld und Versagen freizusprechen.
Für Beratungen habe ich Sätze entwickelt, die sich als hilfreich erweisen können. Ich nenne sie das »Liebesgebet der Waage«. Es lautet: »Liebe Liebe, aus Gründen, die ich nie ganz verstehen werde, ist das Zusammensein zwischen zwei Menschen gescheitert. Vielleicht habe ich etwas falsch gemacht, vielleicht hat mein Partner etwas falsch gemacht, vielleicht haben wir beide etwas falsch gemacht. Jedenfalls war die Dauer unserer Liebe begrenzt. Vielleicht war ihre Zeit abgelaufen. Das, was wir uns gegenseitig zu geben hatten, haben wir ausgetauscht. Jetzt geht jeder von uns beiden seine eigenen Wege. Die Kraft meiner Liebe hat dadurch keinen Schaden genommen. Im Gegenteil. Sie ist noch größer, erfahrener, zärtlicher, einfühlsamer geworden.«

Die Waage ist verliebt in die Liebe

SIND WAAGEN GUT IM BETT?

Daß die göttlicheVenus der herrschende Planet des Waagezeichens ist, wurde schon gesagt. An dieser Stelle muß ich noch etwas hinzufügen: Venus herrscht auch über das Stierzeichen. Die Astrologie erklärt diese »Doppelbesetzung« folgendermaßen: Venus läuft zuweilen von der Erde aus gesehen der Sonne voraus und ist dann als strahlender Morgenstern am Himmel zu beobachten. Diese Venus erhielt den Namen Venus des Morgens; sie regiert den Stier und verleiht den in diesem Zeichen geborenen Menschen folgende Charaktereigenschaften: körperliche Sinnlichkeit, Nähe, Sex, Sinneslust. Zuweilen läuft die Venus von der Erde aus gesehen der Sonne nach und geht dann als Venus des Abends oder Abendstern nach Sonnenuntergang am Himmel auf und begleitet den Abend. Diese Venus ist der Waage zugeordnet. Sie verleiht den in diesem Zeichen geborenen Menschen ebenfalls große Lust und Sinnlichkeit, allerdings transformiert sie die Kraft vom rein Körperlichen in seelische und geistige Bereiche. Diese Liebe, auch Agape oder platonische Liebe genannt, findet in Gedichten und Liebesgeschichten ihren Ausdruck, sie wird erlebt in einer Sphäre, die den Menschen sicher auch körperlich erfüllt, aber weit darüber hinausreicht.

Vor diesem Hintergrund muß man die Frage, ob Waagegeborene gut im Bett sind, betrachten. Zuallererst einmal lautet die Antwort: Natürlich, sie sind die göttlichen Geliebten. Aber was auf der körperlichen Ebene beginnt, muß hier ja nicht stehenbleiben. Waagen besitzen den Drang, die Liebe zu erhöhen, das heißt, sie aus dem rein Körperlichen zu befreien und ihr das Reich des Geistes zu schenken. Das bedeutet auch, daß Waagegeborene den Menschen, den sie lieben, im Lauf ihrer gemeinsamen Begegnung von einem »Körper-Sinnes-« in einen »Seelenmenschen« zu verwandeln suchen. In aller Regel geschieht dies, ohne daß es der Waage selbst richtig bewußt wird. Es ist einfach ihre besondere Art, ihren Partner oder ihre Partnerin – bildlich gesprochen – an die Hand zu nehmen und zu sagen: »Schau, mein Liebling, es gibt noch ein ganz anderes Reich der Liebe und Lust. Wir können auch zusammen lesen, ins Kino gehen, uns Briefe schreiben, nebeneinanderliegen und uns zärtlich streicheln. Liebe ist doch nicht nur, wenn man ›richtigen‹ Sex miteinander hat.«

Partner von Waagen müssen natürlich bereit sein für diese Transformation, und sie sind es auch normalerweise. Denn in unserem Inneren loten wir bei jeder Begegnung den anderen Menschen aus und wissen daher, was auf uns zukommen wird. Trotzdem wird dieser Prozeß bei Partnern von Waagegeborenen fälschlicherweise häufig als Liebesentzug interpretiert. Man zieht den törichten Schluß: »Aha, mein Partner hat nicht mehr soviel Spaß am Sex, also liebt er mich nicht mehr.« In der Regel sind dann auch Waagen selbst überfordert, dieses Geschehen richtig zu interpretieren und ihren Lieblingen zu vermitteln, worum es dabei wirklich geht.

Das Ganze kann sogar noch komplizierter werden, wie ich in meinen therapeutischen Paarsitzungen immer wieder erfahre: Ist der männliche Part in einer Beziehung eine Waage, so hindern ihn häufig kulturelle und soziale Vorstellungen über das, was ein »richtiger« Mann sein soll, daran, seine in ihm angelegte Vergeistigung zu verwirklichen.

Anders gesagt, stecken Waagemänner zu tief in den allgemeinen Klischees darüber, was Mannsein bedeutet. Es geschieht dann oft das Eigenartige, daß die Partnerin, die keine Waage ist, diesen Prozeß, der eigentlich von ihrem Mann ausgehen sollte, aufgreift und ihn zu leben beginnt.
Vielleicht läßt sich die Frage nach den Fähigkeiten von Waagegeborenen im Bett folgendermaßen beantworten: Sie sind phantastisch im Bett, aber das Bett ist ihnen bald zu klein.

ÜBER DIE TREUE DER WAAGE ...

Niemand im ganzen Tierkreis ist so einfühlsam, so geduldig, so hingebungsvoll, und keiner kann die eigenen Bedürfnisse so weit zurückstellen. Von daher ist es überhaupt keine Frage, daß die Waage treu ist. Allerdings ist sie auch ein Nimmersatt, verliebt in die Liebe zur Liebe. Sie fühlt sich doch als Kind der Liebe, wie kann sie sich dann verschließen, wenn irgendwo die Chance besteht, daß dieses Wunder geschieht? Tief in ihrem Herzen hegt jede Waage einen kosmischen Traum, ein Bild, in dem alle Menschen dieser Welt sich umarmen und lieben. An diesem Punkt sitzt die Waage ganz schön in der Tinte: Auf der einen Seite lautet ihr Wunsch, und das ist auch ihr kosmischer Auftrag, eine achtungsvolle Beziehung in Liebe einzugehen. Auf der anderen Seite »tobt« um sie herum das Paradies, jeden Augenblick könnte sie sich neu verlieben. Wie kann sie diesen Konflikt lösen? Gibt es überhaupt einen Weg aus diesem Widerspruch?
Meine Antwort klingt vielleicht enttäuschend: Es gibt keine gute Lösung. Ihre Liebe zu dem/der einen und einzigen, mit dem/der sie, solange es möglich ist, ihr Herz und ihr ganzes Sein teilt, geht vor. Ohne ihn/sie, ohne diese Liebe, ist eine Waage immer auf der Suche, fühlt sich nicht richtig erfüllt. Die Liebe gegenüber den anderen muß daher, auch wenn es ihr viele kleine Stiche in ihrem Herzen verursacht, zurücktreten. Manche Waagen leben sie heimlich und verstohlen, was nach meiner Erfahrung allemal irgendwann zum Desaster führt. Manche Waagen fallen von einer Liebe zur nächsten, erleben also immer wieder diesen herrlichen Sinnenrausch, befinden sich im Himmel, auf Wolke sieben, stürzen ab und erheben sich neu. Aber auch bei diesem Vorgehen ist irgendwann die Luft raus.

Die beste Lösung scheinen die Menschen zu finden, die in einer festen und liebevollen Partnerschaft leben, jedoch gehaltvolle, tiefe, aber platonische Beziehungen mit anderen Menschen eingehen. Weil die Waage ja von Geburt aus bereit ist, die körperliche Ebene zu transformieren, kann sie auch Beziehungen pflegen, die ohne Sex tief und erfüllend sind.

SO HÄLT MAN WAAGEN BEI GUTER LAUNE

Ihr ausgeprägtes Faible für alles Schöne, Gute, Edle macht Waagen zum Stammbesucher von Pinakotheken, Opernfestspielen, Theaterfestivals und anderen »Social events« mit kulturellem Rahmenprogramm. Und natürlich erwarten sie von ihren Partnern, daß sie da mithalten, sie begleiten, ihnen Tickets besorgen, sie vielleicht sogar mit Künstlern zusammenbringen. Natürlich lebt eine Waage immer beim Einkaufsbummel auf, und wenn ihr Partner sie dabei in ein schickes neues Café oder Restaurant entführt, ist sie im siebten Himmel. Ansonsten hat sie ihre Lieblingsbar, ihren Lieblingscocktail und ein paar (wenige) Lieblingsrestaurants, die sie mit dem Menschen, mit dem sie zusammen ist, teilen will. Wo immer aber sie sich befindet, will sie reden, über ganz komplizierte Dinge wie den Zeitgeist, den Trend von Kunst und Mode, aber auch über Banales und Alltägliches wie den Ärger ihrer Freunde mit Nachbars Hund. Am wichtigsten ist das »Atmosphärische«.
Wenn Sie eine Waage unglücklich machen wollen, brauchen Sie nur Ihre schmutzige Wäsche herumliegen zu lassen oder ohne einen Kuß und ein Wörtchen des Dankes nach dem Essen aufzustehen. Ihre Waage haßt Lieblosigkeit und schätzt Stil über alles. Geschenke, die ihr Zuhause oder ihr persönliches Aussehen verschönern, machen eine Waage immer glücklich. Und natürlich wird die Liebe mit Begleitung entsprechender Musik noch schöner.

WIE GUT WAAGEN ALLEIN SEIN KÖNNEN

Die Antwort auf die Frage, wie die Waagen das Alleinsein empfinden, ergibt sich nach dem bisher Gesagten eigentlich von selbst: Es ist schrecklich! Dafür wurden sie nicht geboren! Das entspricht nicht ihrem Naturell! Das ist nicht ihr Weg! Alle Single-Waagen, denen ich im Rahmen meiner therapeutischen Arbeit begegnet bin, waren daher auf der Suche nach dem geeigneten Partner. Es ist auch beinahe die Regel, daß Waagen eine Beziehung nur dann wechseln, wenn ein neuer Partner bereits bei Fuß steht, oder daß sie sofort in eine neue Beziehung springen, wenn sie verlassen worden sind – bloß nicht allein sein! Ich bin mir ziemlich sicher, daß, würde man eine Statistik über alle Singles dieser Welt aufstellen, sich darunter am wenigsten Waagen befänden.

Es existieren allerdings bemerkenswerte Ausnahmen. Waagen können sich nämlich auch in einen imaginären Partner verlieben. Das kann zum Beispiel ihre Karriere sein. Sie behandeln dann ihren Beruf wie eine(n) Geliebte(n). Sie sprechen mit ihm, sie fühlen sich in ihn hinein, sie werden ein Teil von ihm. Besonders Waagen, die einen künstlerischen Beruf ausüben, übertragen oft ihre große Liebe auf das Werk – ein Gedicht, ein Bild, einen Film –, an dem sie gerade arbeiten. In ihren Schöpfungen können Waagen dann das entdecken, was sie im schnöden Alltag nie ganz finden: Vollendung, eine Liebe, die nie mehr vergeht.

Ich glaube, daß alle großen unsterblichen Liebesgeschichten – die von Romeo und Julia oder, moderner, Julia Roberts und Richard Gere im Film »Pretty Woman«, Rose und Jack alias Kate Winslet und Leonardo DiCaprio, die große »Titanic«-Liebe – deswegen so ergreifend sind, weil in ihnen wahr wird, was es in Wirklichkeit so gar nicht gibt: ebenjene große unsterbliche Liebe.

DER WAAGEMANN AUF DEM PRÜFSTAND

So, jetzt kennen Sie also einen typischen Waagemann, lieben ihn vielleicht sogar und möchten wissen, was er »wert« ist. Vorneweg, Sie haben bestimmt den charmantesten Kerl unter den zwölf Tierkreiszeichen gefunden: Smart, elegant, glatt – der Waagemann achtet auf

den Lack. Und das nicht nur bei Äußerlichkeiten. Kein Small talk, den er nicht mit breitgestreuten Schmeicheleien versüßt. Sein Image: charmant, strahlend, stets in bester Laune. Ein One-Million-Dollar-Man, der es schafft, auch noch seine Neider »umzudrehen«.
Aber er trifft keine Entscheidungen. Nehmen wir das Schlimmste an, nämlich daß Ihr Waagemann noch mit einer anderen Frau liiert ist. So, er hat Ihnen gesagt, er werde diese andere Frau verlassen, Ihretwegen. Glauben Sie es nicht! Nicht weil Ihre Waage ein Lügner wäre, o nein, er ist immer felsenfest überzeugt von dem, was er sagt. Aber zwischen dem Zeitpunkt, zu dem er bei Ihnen war und vielleicht die Nacht mit Ihnen verbracht hat, bis zu jenem Moment, in dem er wieder bei seiner Frau ist, um ihr zu sagen, daß er sie wegen einer anderen verlassen wird, liegen bei einem Waagemann Welten. Plötzlich ist er sich nicht mehr sicher, mit einem Mal stellt er fest, daß er diese Frau doch noch liebt, nun meint er, ihr eine derartige Verletzung nicht zufügen zu können. Sie warten auf eine Entscheidung, aber Ihr neuer Freund fühlt sich dazu nicht in der Lage. Er liebt Sie beide, sagt er Ihnen – und es klingt glaubhaft. Ist er wieder längere Zeit bei Ihnen und merkt, wie Sie darunter leiden, daß er immer noch nicht frei ist, wird er Ihnen erneut versichern, er sei nun bereit, sich zu trennen. Aber auch dieses Mal ändert er seine Meinung, sobald er wieder bei der anderen Frau ist.
Ich habe es schon erlebt, daß ein Waagemann zu einer therapeutischen Sitzung mit zwei Frauen auftauchte, alle drei waren einem Nervenzusammenbruch nahe, weil sich der Waagemann partout nicht entscheiden konnte. Ich hätte die drei am liebsten gebeten, woanders Hilfe zu suchen …, aber schließlich wurde auch ich von der Dramatik erfaßt, in die ein Waagemann kommen kann, wenn er sich zwischen zwei Frauen, die er beide liebt, nicht entscheiden kann.
Letzten Endes liegt die Entscheidung wohl bei *Ihnen*. Sie müssen ihm die Pistole auf die Brust setzen und sagen: »So, mein Lieber, entweder du entscheidest dich jetzt für mich oder für sie, oder ich entscheide mich – und zwar gegen dich.« Das müssen Sie dann aber auch durchziehen und sich nicht, nachdem Sie den Schlußstrich gezogen haben, wieder umstimmen lassen, weil er, der tragische Held, dieses Mal auf den Knien schwört, daß er sich scheiden lassen wird. Waren Sie einmal inkonsequent, wird er es auch dann nicht tun.
Ist das sein einziger Fehler? Sein größter! Er hat noch ein paar kleinere auf Lager: zum Beispiel, daß er sich selbst sehr viel mehr Freiheiten

Der Waagemann kann sich nie entscheiden

herausnimmt, als er Ihnen zugesteht. Das heißt, er fragt sich mindestens bei jeder dritten attraktiven Frau, der er begegnet, ob sie nicht die ideale Partnerin für ihn wäre, während er Ihnen schon Vorhaltungen macht, wenn Sie nur sagen, daß Ihnen dieser oder jener Filmschauspieler gut gefällt. Außerdem wird er Sie höchst selten mit einer spontanen Idee überraschen. Er geht auch stillschweigend davon aus, daß Sie bei allen privaten Entscheidungen die Initiative ergreifen.
Eine seiner Schwächen möchte ich doch noch etwas ausführlicher erwähnen: Geben Sie Ihrer Waage keine psychologischen Rätsel auf. Wenn Sie also zum Beispiel darunter leiden, daß sich Ihr Waageschatz zuwenig um Sie kümmert, ist es völlig zwecklos, sich zu betrinken oder ins Zimmer einzusperren. Die Waage zieht keine psychologischen Schlüsse. Sie ist kein Therapeut, sondern ein Richter. In diesem Fall wird sie Ihnen gegenüber argumentieren, daß Sie zuviel trinken, aber nicht auf Ihre Probleme eingehen wollen. Meiner Erfahrung nach nützt es sogar wenig, wenn Sie Ihrer Waage direkt ins Gesicht sagen, daß Sie unter ihr leiden. Ihr Waagepartner hat keinen Sinn für Psychologie. Sagen Sie ihm, er solle Sie in den Arm nehmen und die Nacht mit Ihnen verbringen ... Oder noch besser: Nehmen Sie ihn an der Hand, und küssen Sie ihn. Das versteht er.

Was Sie noch wissen sollten: Wenn Sie sein Geld ausgeben, achten Sie darauf, daß Sie es für Schönheit oder Glück einsetzen. Dafür hat die Waage immer ein Herz. Überhaupt ist sie eher großzügig und hält Sie bestimmt nicht knapp bei Kasse.
Halten Sie sich immer vor Augen, daß Ihr toller Mann sehr eigen ist, was häuslichen Frieden und Harmonie betrifft. Streiten Sie also nie mit ihm vor Freunden. Und wenn Sie einen gesellschaftlichen Abend planen, achten Sie darauf, daß alle Gäste einigermaßen miteinander können. Ihre Waage spürt sofort eventuelle Unstimmigkeiten und wird nervös.
Der schnellste Weg zur Scheidung ist ein unordentliches Heim. Ihr Mann erwartet nicht, daß alles tipptopp sauber ist, doch die Ästhetik muß stimmen.
Aber last, not least, trotz aller Fehler – Sie haben wie gesagt dennoch den charmantesten Mann unter den zwölf Tierkreiszeichen. Und wenn Sie einmal seine Schwächen kennen, werden Sie damit auch ganz gut leben können.

DIE WAAGEFRAU AUF DEM PRÜFSTAND

Sie kennen eine typische Waagefrau, und jetzt wollen Sie wissen, auf was Sie sich da eingelassen haben. Ich sage Ihnen, der schönste und anmutigste Vogel, den es gibt, ist Ihnen zugeflogen. Venus persönlich steckt in ihr, verleiht ihr diesen wundervollen Teint, läßt ihre Augen funkeln, färbt ihre Wangen rosig, formt ihren Körper in derart vollendeten Kurven. Auch wenn diese Schönheit nicht sofort zutage tritt, sie steckt in ihr. Sogar falls Ihr neuer Schatz üppig ist wie eine Walküre, sie bewegt sich wie eine Ballerina. Diese Frau ist Venus und damit eine vollendete Geliebte.
Sie haben eine tolle Frau im Bett, Sie haben eine großartige Frau in Ihrem Zuhause, das von nun an immer adrett und stilgerecht eingerichtet ist, und Sie haben eine Frau, um auszugehen und sich von anderen dafür bewundern zu lassen. Die Waage erfüllt in jeder Hinsicht die Erwartungen, die Sie an eine Frau und Geliebte stellen. Noch mehr: Eine Waagefrau wird ihren Mann zielstrebig und ohne daß es dieser überhaupt bemerkt, zum Erfolg »schubsen«. Wenn sie sich einmal für einen Mann entschieden hat, tritt sie auch konsequent für ihn ein. Sie

räumt ihm Steine aus dem Weg und ist eine Meisterin darin, solche Freunde auszuwählen, die ihren Geliebten vorwärtsbringen.
Einen Menschen hingegen, der ihrem Liebling nicht guttut, betrachtet sie als Persona non grata – und bald wird auch ihr Mann finden, daß der oder die Betreffende zu den weniger gern gesehenen Personen zählt. Ist die Waagefrau raffiniert? O ja – und wie! Sie dirigiert ihren Mann, ohne daß er auch nur einen Hauch davon spürt. Sie wird mit den unschuldigsten Augen der Welt behaupten, daß sie nichts, aber auch gar nichts gegen diesen ungeliebten Menschen hat, aber er wird bald in ihrem Haus nicht mehr auftreten. Sie tut so, als hätte sie überhaupt keine Bedürfnisse und Wünsche. Aber ihr Mann und sogar die Freunde ihres Mannes werden sich die Beine ausreißen, um sie glücklich zu machen. Genial, nicht wahr?
Nun wird es Zeit, die Nachteile zu benennen: Alles Schrille, Schräge, Grelle, jeder Streit verursacht ihr eine Gänsehaut, jede Lieblosigkeit sticht ihr mitten ins Herz, und jeder falsche Ton grämt ihre Seele. Ginge es nach ihr, wäre die Welt ein verwunschener Zaubergarten, eine Oase der Schönheit, eine Sinfonie abgestimmter Gelüste und Freuden. Nur sieht die Wirklichkeit so ganz anders aus – und darunter leidet Ihre Waage, sie leidet auch unter Ihnen, weil Sie so unsensibel sind wie die übrige Welt ... Sie werden sie nicht trösten können, und irgendwann werden auch Sie unglücklich sein wie Ihre schöne Waage.
Sie ist langatmig. Glauben Sie ja nicht, daß Sie von ihr eine schnelle Information auf eine Frage bekommen: »Gehen wir ins Kino?« – »Au ja, gern, es läuft dieser Film mit dieser wundervollen Schauspielerin, die wir letzthin im Fernsehen gesehen haben. Ach, jetzt habe ich den Namen vergessen. Macht aber nichts! Du weißt schon. Es war der Film, der so spannend begann und dann immer langweiliger wurde, weißt du noch? Der Mann hatte seine Frau verloren ...« Und jetzt erzählt Ihre Waagefrau in blumigen Worten den Inhalt des letzten Films, obwohl es doch darum geht, sich für einen Film heute und jetzt zu entscheiden. Wenn Sie ein einigermaßen spontaner Mann sind, werden Sie mit dieser Frau irgendwann wahnsinnig, Sie werden sie möglicherweise anherrschen, sie solle sich kurz fassen, oder sie kräftig schütteln.
Ihre schöne, blumige, liebevolle Waage ist, das werden Sie mir erst glauben, wenn Sie es erlebt haben, gefühlskalt. Es kann sein, daß Ihre zartfühlende Waagefrau eines Tages nach Hause kommt und Ihnen offeriert, daß sie sich in einen anderen Mann verliebt hat und morgen zu ihm ziehen wird. Peng! Wenn Ihnen das Herz bricht, wenn Sie to-

ben und schreien, wird Ihre Waage die Schultern zucken und das nicht verstehen. Zu ihrer Entschuldigung läßt sich anführen, daß Sie in der Vergangenheit bestimmt Fehler gemacht haben. Sie haben sie wahrscheinlich seit langem vernachlässigt. Aber dennoch, hätten Sie *das* je für möglich gehalten?

Wenn Sie sich umgekehrt vielleicht dazu durchgerungen haben, Ihre Waagefrau zu verlassen, wird sie zunächst völlig schockiert sein und wie ein Kind weinen. Aber nach ein, zwei Wochen hat sie Sie vergessen.

Diese Frau ist nicht hinter einem bestimmten Mann her, sondern hinter der Liebe. Sie ist, wie es einmal eine Waagefrau sagte, »verliebt in die Liebe zur Liebe«. Wo immer sie mehr davon findet, wird sie magnetisch angezogen. Vergessen Sie das nie!

UND SO KLAPPT'S MIT ALLEN ANDEREN

Im folgenden wird das Beziehungsspiel zwischen der Waage und den zwölf möglichen Partnern des Tierkreises durchleuchtet. Dazu muß etwas Grundsätzliches gesagt werden: Es gibt keine Kombination, die unmöglich ist. Mit anderen Worten, wenn Sie eine Waage sind, können Sie's mit allen, egal, ob Löwe, Wassermann oder Krebs. Allerdings verlangt jede Partnerschaft einen bestimmten Preis. Bei manchen Kombinationen heißt der Preis Ruhe oder Entspannung, bei anderen braucht man vielleicht mehr Zeit. Auch ist es von Fall zu Fall möglich, daß man mit einem bestimmten Partner in eine Krise gerät und dann etwas unternehmen muß, um die Krise gemeinsam zu bewältigen. Es gibt keine Kombination, die nur positiv ist. Es gibt allerdings solche, die bequemer sind als andere. Wer aber will entscheiden, ob Bequemlichkeit in jedem Fall ein erstrebenswertes Gut ist?

Waage UND WIDDER

Waage und Widder liegen sich im Tierkreis genau gegenüber: Man sagt, daß sich derartige Zeichenpositionen am meisten anziehen und abstoßen. Sie stoßen sich ab, weil sie vollkommen unterschiedlich sind. Die Waage ist *du*-orientiert, abwartend, geduldig, sie sucht Harmonie und Liebe – der Widder ist *ich*haft, expansiv, dynamisch, bevormundend und will vor allem Sex. Auf der anderen Seite aber ist ein spontaner Widder, der bei Entscheidungen nicht lange herumfackelt, für die Waage genau das, was sie sich im tiefsten Herzen ersehnt: endlich jemand, der ihr die quälenden Zweifel abnehmen kann! Andererseits findet der Widder in der Waage all das, was ihm fehlt: Geduld, Stimmigkeit, die Fähigkeit, in sich ruhen zu können, Entspannung. Es besteht also auch die größte Anziehung zwischen diesen beiden Menschen. Ob nun das eine oder das andere überwiegt, hängt von der Intensität der Liebesgefühle ab. Je größer, frischer und umfassender die Liebe ist, desto eher können die Gegensätze als fruchtbare Ergänzung des jeweils anderen toleriert werden.

Waage UND STIER

Beide Tierkreiszeichen werden von Venus regiert. Das schafft große Gemeinsamkeiten: Sie legen Wert auf eine ästhetische Umgebung und mögen Luxus. Ihre Liebesbeziehung ist von Sinnlichkeit und gegenseitigem Respekt geprägt. Die Waage ist darüber hinaus genau das Wesen, das dem etwas behäbigen Stier auf liebevolle Weise den Impuls geben kann, mehr aus sich herauszugehen. Umgekehrt findet die luftige Waage den soliden Grund und Boden beim Stier, der ihr fehlt. Einem gemeinsamen Lebensweg stünde daher eigentlich nichts entgegen – gäbe es da nicht die unterschiedliche Auffassung beim Thema Sex. Nach einer euphorischen Anfangsphase entsteht häufig ein Problem: Sinnlichkeit und Lust sind beim Stier unmittelbar an seine fünf Sinne gebunden. Die Waage hingegen versucht die Liebe aus dem rein Körperlichen zu befreien und sie zu vergeistigen. Viele Stiere können damit nichts anfangen, sie fühlen sich dann unverstanden und ungeliebt. Je nachdem, wie sehr diese Diskrepanz zu einer Krise führt, kann die Hilfe eines Therapeuten nötig sein, um die Beziehung zu retten.

Waage UND ZWILLINGE

Sie sind vom gleichen Holz – pardon, Element Luft – und ergänzen sich daher blendend: Sie sprechen dieselbe Sprache, haben ähnliche Ansichten und Vorstellungen über die Liebe. Und beide sind sehr eigen, wenn es um Einschränkungen ihrer Freiheit geht. Waagen sind allerdings mehr an gegenseitiger Verpflichtung interessiert als Zwillinge. Sie, die Waage, will zwar ihr eigenes Leben weiterführen, ist aber bereit, um der gemeinsamen Liebe willen auch Kompromisse zu schließen. Zwillinge zeigen sich an diesem Punkt weniger anspruchsvoll. Ihnen reichen eine lockere Verbindung und ebensolche Absprachen. Das kann zu Konflikten führen. Dann ist es immens wichtig, die gegenseitigen Erwartungen zur Sprache zu bringen. In aller Regel finden beide aber einen Weg, dieses Problem zu meistern, und können ohne weiteres eine Familie gründen und noch mit Siebzig glücklich zusammenleben.

Waage UND KREBS

Es gibt viele Gegensätze zwischen diesen beiden Tierkreiszeichen. Das beginnt schon damit, daß die Waage ja ein Luftzeichen ist, während der Krebs dem Element Wasser zugeordnet wird. Wasser ist ein Synonym für Gefühl, für Verinnerlichung, für das »Sich-in-*sich-selber*-Finden«. Die Waage hingegen entspricht als Luftzeichen der gedanklichen Erfassung der Welt und dem »Sich-im-*anderen*-Finden«. Praktisch sieht es so aus, daß der Krebs sich wohl fühlt, wenn ihm vertraute Menschen um ihn sind und er an einem sicheren, vertrauten Ort (»Nest«) lebt, während die Waage aufblüht, wenn sie ausgeht, Menschen begegnet, in der Öffentlichkeit steht. Des weiteren findet der Krebs als Gefühlsmensch die Lösung seiner Probleme, indem er in sich hineinspürt (»Das ist so, weil ich es fühle«), während die Waage die Wahrheit durch Diskussionen – entweder mit imaginären oder wirklichen Partnern – findet (»Das ist so, weil es logisch ist«). Von diesen Gegensätzen einmal abgesehen, gibt es auch große Gemeinsamkeiten:

Beide Zeichen suchen Stimmigkeit, Atmosphärisches und fühlen sich wohl, wenn sie für andere Menschen dasein können. Dazu kommt, daß die Waage beim Krebs ein gemütliches Leben findet. Der Krebs wiederum bewundert bei der Waage den ausgeglichenen Charme. Wie lange diese Beziehung hält, hängt davon ab, wie gut es gelingt, die Gemeinsamkeiten über das Trennende zu stellen. Außerdem habe ich festgestellt, daß diese Kombination bei kreativen Menschen besser funktioniert.

Waage UND LÖWE

Diese Beziehung ist fast zu schön, um wahr zu sein. Denn beide, sowohl der Löwe als auch die Waage, sind schon allein besondere Menschen, die sich selbst überaus wichtig nehmen und gern bewundern lassen. Kommen sie nun zusammen, verdoppeln sich natürlich sämtliche Besonderheiten. Im günstigsten Fall entsteht daraus ein Paar, das gemeinsam auf der Bühne steht, große Empfänge gibt, ein Heer von Freunden hat, in einem großen Landhaus wohnt ... Im ungünstigsten Falle leben zwei Menschen zusammen, die sich argwöhnisch und eifersüchtig beäugen, damit der andere ja nie besser wegkommt als man selbst. Bestimmt ist die Wohnung dieses Paares ein Traum. Garantiert sind ihre Kinder lauter süße Wonneproppen. Keine Frage, jedermann fühlt sich bei ihnen wie zu Hause und wird großzügig verwöhnt. Doch es besteht auch die Gefahr, daß dieses Paar zuviel Energie auf sein äußeres Erscheinungsbild legt – dabei aber zuwenig auf die innere Dynamik eingeht. Und dies kann zur Folge haben, daß die Zeit, in der sie zu zweit allein sind, zu einer Ödnis der Langeweile ausartet.

Waage UND JUNGFRAU

Waage und Jungfrau liegen im Tierkreis genau nebeneinander, das bedeutet, man ist sich vertraut und kennt sich gut, so als wäre man schon immer Bruder und Schwester gewesen. Trotzdem sind beide so unterschiedlich, daß sie sich nicht ins Gehege kommen, sondern die Aufgaben, die eine Familie oder das Zusammenleben unter einem Dach mit sich bringen, wunderbar untereinander aufteilen können. Die Waage übernimmt den ästhetischen Part, richtet die Wohnung ein, ist zuständig für den guten Geschmack, für Gemütlichkeit, für das Atmosphärische. Die Jungfrau kümmert sich mehr um die praktischen Angelegenheiten, um Arbeit, Ordnung und Sauberkeit. Es gibt allerdings auch Bereiche, in denen die Übereinstimmung fehlt: Die Waage ist ein Luftzeichen und bewegt sich daher gern im Reich der Phantasie, sie liebt die Muse, Kunst, gesellschaftliche Ereignisse, sie will zu Hause vor allem entspannen, der Wirklichkeit entfliehen. Die Jungfrau hingegen ist ein Erdzeichen, praktisch, realistisch und immer arbeitsmotiviert und hätte zu Hause am liebsten ihr Büro, die Werkstatt oder heutzutage einen Job am PC. Letztlich ist die Waage stärker, sie setzt sich also durch. Dank ihrer Liebesfähigkeit schafft sie es darüber hinaus auch allemal, daß die Jungfrau, wenn sie mal enttäuscht ist, »bei ihrem Frust nicht hängenbleibt«.

Waage UND WAAGE

Diese Beziehung ist fast *zu* schön. Wenn sich zwei Waagen ineinander verlieben, so bedeutet das den Himmel auf Erden. Beide Menschen finden im anderen genau das, wovon sie immer geträumt haben, und sie stellen fest, daß das, was sie sind und zu geben haben, den anderen vollkommen glücklich macht. Es verdoppelt sich ihre Liebesfähigkeit, ihr Charme, ihre Lust, ihr Wunsch, die körperliche Liebe auszudehnen und sie in sämtliche Gebiete zu integrieren: gemeinsam ausgehen, reisen, diskutieren, geistig weiterkommen ... Mit der Zeit verdoppelt sich allerdings auch die Sollseite. Ich kenne ein Waagepaar, dessen Entschlußlosigkeit schon groteske Züge angenommen hat: Manchen kompletten Sonntag verbringen sie buchstäblich damit, endlos darüber zu diskutieren, ob sie nun ausgehen oder doch zu Hause bleiben sollen ... Auf künstlerischem Gebiet ist dieses Team in der Regel allerdings unschlagbar.

Waage UND SKORPION

Ein ungleiches Paar! Denn die Waage sucht Harmonie und Frieden, vermeidet Ecken und Kanten. Der Skorpion hält es genau umgekehrt: Ihm ist Harmonie direkt verdächtig, könnte sie doch etwas verdecken, was er dann an die Oberfläche zerren muß. Außerdem setzt der Skorpion Liebe mit Selbstaufgabe gleich, während die Waage Liebe immer als Begegnung zweier selbständiger Kräfte betrachtet. Und schließlich stoßen die unterschiedlichsten Erwartungen beim Thema Sex aufeinander: Der Skorpion träumt immer von leidenschaftlicher, verschmelzender Sexualität, die Waage sucht die Erhöhung, die Liebe im geistigen Verstehen. Dennoch, solange Liebe herrscht, fügt sie wie ein güldener Regenbogen die unterschiedlichsten Charaktere zusammen, einigt sie. Ohne Liebe brechen die Unterschiede allerdings in Form endloser Seelendramen auf.

Waage UND SCHÜTZE

Sie verstehen sich auf Anhieb, sind beide extravertiert, lieben Kontakt und haben eine positive Einstellung zum Leben. Obendrein bilden sie ein tolles Reiseteam, das zusammen auch den Globus umrunden könnte. Zu Spannungen kann es infolge ihrer unterschiedlichen Auffassung in puncto Stil und Geschmack kommen. Diesbezüglich ist der Schütze nämlich ein echter Ignorant. Vor lauter Beschäftigung mit innerem Wert und seiner besseren Welt, die irgendwo weit vor ihm liegt, vergißt er gelegentlich, was unmittelbar vor seiner Nase ist, verwechselt Lässigkeit und Nonchalance mit Schlamperei und Unhöflichkeit. Und genau hier kollidiert er mit der Welt der Waage, der Stil und Geschmack über alles geht. Der Konflikt läßt sich noch am ehesten vermeiden, wenn beide ihr eigenes Leben führen und sich nur gelegentlich treffen. Schwierig, aber nicht aussichtslos wird es, wenn sie eine gemeinsame Wohnung nehmen.

Waage UND STEINBOCK

Waage und Steinbock sind Gegensätze wie Erde und Luft, Realität und Phantasie, Arbeit und Entspannung. Von daher gehen zwei Menschen mit diesen Tierkreiszeichen ein großes Risiko ein, wenn sie sich füreinander entscheiden. Im negativen Fall machen sich beide gegenseitig die Hölle heiß. Der Steinbock wird die Waage wegen ihrer Entscheidungsschwäche verurteilen, und die Waage wird sich beim Steinbock revanchieren und ihm seine Herzlosigkeit und mangelnde Liebe vorwerfen. Ich habe auch häufig starkes Konkurrenzdenken in Partnerschaften mit diesen Tierkreiszeichen beobachtet. Klappt es jedoch mit den beiden, dann lernt der Steinbock von der Waage Herzensgüte und Wärme, wird offener, gemütlicher, häuslicher und vor allem kommunikativer. Im Gegenzug hilft der Steinbock der Waage bei Entscheidungen und lehrt sie, schneller zum Punkt zu kommen.

Waage UND WASSERMANN

Beide Menschen passen zwar wunderbar zusammen, sie ergänzen sich, haben das gleiche astrologische Element Luft, sprechen dieselbe Sprache, und trotzdem wird man nicht allzu viele Beziehungen mit diesen beiden Tierkreiszeichen finden. Einfach deswegen, weil die zweifache Luft zuwenig bodenständig und bindungsfähig macht. Treffen sich diese Menschen, werden sie voneinander unwiderstehlich angezogen, sie werden sich wie in einem Rausch ineinander verlieben, aber dann an der alltäglichen Routine scheitern. Ich kenne allerdings ein Paar, das jetzt schon über zwanzig Jahre zusammenlebt und sich immer noch prima versteht. Ihr Geheimnis besteht darin, daß jeder von ihnen einen völlig luftigen, chaotischen Beruf ausübt (er, die Waage, ist Fotograf; sie, der Wassermann, ist beim Film). Wenn sie sich nach Erledigung ihrer Jobs wieder treffen, sind sie erst einmal froh, daß sie Ruhe und Harmonie finden, und diesen Wunsch können sie sich wunderbar erfüllen.

Waage UND FISCHE

Es handelt sich hier um ein seltenes Paar – einfach deswegen, weil sie doch sehr unterschiedlich sind. Der Fischegeborene fühlt sich dem Wasser nah, ist gefühlvoll, introvertiert und zufrieden, wenn er seine Ruhe hat und bei sich sein kann. Ganz anders die Waage. Sie will etwas erleben, ist extravertiert, sucht als Luftzeichen andere Menschen und fühlt sich mitten in einem Café oder bei einer öffentlichen Feier unter vielen Menschen viel wohler als auf einer einsamen Insel, wo der Fischegeborene aber gern leben würde. Hinzu kommt, daß beide Zeichen von ihrer Natur her unsicher sind. Das führt automatisch dazu, daß jeder beim anderen die Sicherheit sucht, die er bei sich selbst vermißt, dann aber frustriert ist, wenn er sie beim vermeintlich starken Partner auch nicht finden kann. Eine derartige Beziehung funktioniert nur, wenn beide vollkommen mit offenen Karten spielen, das heißt sagen, daß sie selbst unsicher, schwankend, labil und beeinflußbar sind. Dann wird im glücklichen Fall aus dieser Kombination zweier »schwacher« Zeichen ein Paar, das gemeinsam viel stärker ist als die meisten anderen Kombinationen.

Gesundheit UND FITNESS

In der astrologischen Medizin ordnet man jedem Tierkreiszeichen andere Körperregionen, physiologische und psychologische Funktionsweisen und entsprechende Krankheitsdispositionen zu. Dies bedeutet, es bestehen verschiedene Neigungen zu unterschiedlichen Störungen und Erkrankungen; das heißt aber noch lange nicht, daß bei jedem Tierkreiszeichen auch tatsächlich die ihm im folgenden zugeordneten Krankheiten auftreten werden.

Körperliche Entsprechungen Nieren, Blutreinigung, Gleichgewicht der Körperflüssigkeit und des Basen-Säure-Spiegels
Psychologische Entsprechungen Seelisches Gleichgewicht, Liebe, Geben und Nehmen
Krankheitsdispositionen Hörsturz, Kreuzschmerzen, Nierenbeschwerden, Nierendysfunktion, Nierensteine, Ohrensausen, Schlafstörungen

TYPISCHE KRANKHEITEN DER WAAGEN

Waagen neigen vor allem zu den verschiedensten Beschwerden im Zusammenhang mit den Nieren und den Ohren. Damit Sie die Logik, die hinter diesen Zuordnungen steckt, und die psychosomatischen Ursachen der Symptome besser kennenlernen können, seien hier einige wichtige und häufige Probleme von Waagen genannt.

Die Nieren sind »das« Waageorgan

Der Waage werden in der Astromedizin die beiden Nieren zugeordnet. Sie sind wie die Lungen, die Eierstöcke oder die Hoden paarige Organe: Sie alle haben mit menschlicher Kommunikation, Austausch und Begegnung zu tun. Infolge ihrer deutlich voneinander getrennten Lage tritt der paarige Charakter bei den beiden Nieren von allen Organen am offensichtlichsten zutage. Betrachtet man sie mit den zu- und abführenden Blutgefäßen, so kann man sie auf symbolischer Ebene durchaus mit einer Waage vergleichen.
Die Nieren selbst haben gerade die Größe einer erwachsenen menschlichen Faust, aber in ihrem Inneren werden in einem sehr aufwendigen biochemischen Vorgang täglich viele Liter Blut gewaschen.
Die andere bedeutsame Aufgabe ist die, den Wasserhaushalt des Körpers zu regulieren. Wenn ein Mensch auch noch so viel Wasser zu sich nimmt, die Nieren sorgen dafür, daß die Flüssigkeitsmenge des Körpers stets konstant bleibt.
Darüber hinaus sind sie für das Gleichgewicht lebenswichtiger Salze im Körper zuständig. Sie regeln den Druck der Körperflüssigkeit und versuchen den Basen-Säure-Spiegel möglichst im Gleichgewicht zu

Zu jedem Tierkreiszeichen gehören bestimmte Organe und Malaisen

halten, weil eine Übersäuerung für den Körper als Disharmonie registriert wird. Auf der seelisch-geistigen Ebene stehen die Nieren für die reinigende Kraft des Menschen, die Vielzahl von Erlebnissen und Ereignissen so zu filtern, daß sein Seelenleben stimmig und harmonisch ist. Der Mensch besitzt eine Art »psychologische Membran«, mit deren Hilfe der Strom des Lebens »gefiltert« wird. Diese Membran kann völlig undurchlässig sein, dann entsteht ein psychotischer Mensch, der keinerlei Reize mehr wahrnimmt und getrennt von allen anderen Menschen dahinvegetiert. Sie kann aber auch zu durchlässig sein. Dann wird die Seele von Reizen überschwemmt, die sie nicht mehr verarbeiten kann. Da die Astrologie von einem vollständigen Parallelismus zwischen Körper und Psyche ausgeht, bedeuten Störungen der Nieren stets auch Probleme auf der seelischen Ebene. Und genauso beeinträchtigen Störungen im emotionalen Bereich immer die Funktion der Nieren.

Waagen reagieren sofort auf Ungleichgewicht

Waagegeborene reagieren besonders sensibel auf ein körperlich-seelisches Ungleichgewicht. Wie Seismographen registrieren sie ihre Umgebung und verhalten sich dann entsprechend. Dabei sehen sie zunächst immer die positive Seite und betrachten – wie es im Prinzip ja auch die Nieren tun – erst ganz am Ende die negativen Anteile. Des weiteren sorgen sie, und auch darin gleichen sie den Nieren, für die richtige Atmosphäre, Entspannung und ein ausgewogenes Gleichgewicht aller Beteiligten.

In der Sprache der Symbole kann man sagen, daß die Waage in einem sozialen Gebilde oder in einer Beziehung die Funktion einer gemeinsamen Niere übernimmt. Um diese Aufgaben erfüllen zu können, müssen allerdings zwei Voraussetzungen gegeben sein. Zum einen sind Waagemenschen – wie die Nieren – überaus empfindlich und können Streß und Disharmonie nur eine begrenzte Zeit lang ertragen. Zum anderen sind sie auf einen stetigen Flüssigkeitsstrom angewiesen und versagen ihren Dienst, wenn dieser zu schwach wird. Der Flüssigkeit entsprechen im zwischenmenschlichen Bereich die Gefühle. Dies bedeutet, daß es bei der Waage auch zu Nierenstörungen kommen kann, wenn der Gefühlsfluß in ihrer Partnerschaft versiegt bzw. wenn die Emotionen nicht mehr stimmen. Nierenstörungen oder gar ein Nierenausfall sind allerdings nur die letzten Zeichen einer Kette

schleichender Veränderungen. Zunächst machen sie sich als allgemeine Reduktion der Vitalität bemerkbar. Dazu kommen Kreuzschmerzen, schlechter Schlaf, Probleme mit den Knien und Ohrensausen. Ein ganzheitlich denkender Arzt achtet daher auf die Zeichen einer sich ankündigenden Nierenstörung, um sie rechtzeitig behandeln zu können.
Menschen mit Nierenproblemen oder ihren Vorboten Kreuzschmerzen, schlechtem Schlaf, Ohrensausen und Gleichgewichtsstörungen sollten sich in ihrem inneren Dialog offen mit folgenden Fragen auseinandersetzen:

- Wird meine Partnerschaft vom Grundsatz der Gleichheit zwischen Geben und Nehmen getragen?
- Wie sehr bin ich der Konfliktlöser in der Partnerschaft bzw. Familie?
- Kann ich auch eine bestimmte Begrenzung und Festlegung in einer Beziehung zulassen?
- Kann ich meine Aggressionen zeigen?
- Wie weit kann ich mich abgrenzen und behaupten?
- Kann ich auch ein bestimmtes Maß an Disharmonie zulassen?

WIE WAAGEN GESUND BLEIBEN

Eine Waage sollte wissen, daß sie in ganz besonderer Weise über die Gabe der Liebe verfügt. Mit dieser universellen Kraft ist sie in der Lage, auf alles in positiver Weise einzuwirken und es damit zu verändern. Sie muß aber auch lernen, sich abzugrenzen, ohne dabei undurchlässig zu werden. Ihre Grenzen liegen dort, wo Seele, Geist und Körper beginnen, Schaden zu nehmen. Waagemenschen sollten daher sehr genau über die Vorzeichen einer beginnenden Nierensymptomatik Bescheid wissen, um rechtzeitig entsprechende Maßnahmen ergreifen zu können.
Grundsätzlich können Sie davon ausgehen, daß alle Erkrankungen, auch dann, wenn sie zunächst überhaupt nichts mit einer Niereninsuffizienz gemein haben, auf eine unklare Beziehungssituation zurückzuführen sind (mit dem Partner, im Beruf, mit Freunden, mit Menschen ganz allgemein). Waagen sollten daher die Nieren nicht als

Mars, der Powerplanet, verleiht Fitneß und Kraft

bestimmbare Organe mit genau festlegbaren Funktionen, sondern als ein allumfassendes, lebenspendendes Zentrum ihrer selbst betrachten, das auch von äußeren Umständen genährt wird.
Ein besonderes Heilmittel für Waagemenschen ist Kreativität. In den schönen Künsten können sie die vollendete Harmonie finden, die sie im alltäglichen Leben oft vergeblich suchen. Jeder Mensch mit einer starken Waagebetonung sollte daher viel Zeit mit Musik, Tanz oder Malen verbringen.

Die Nieren mögen Wärme

Neben den üblichen Wärmeauflagen mit einer Wärmflasche oder einem Heizkissen kann man die Nieren auch mit einem vorgewärmten Reisbeutel anregen. Dafür wickelt man eine Handvoll Reiskörner in ein Tuch und wärmt sie im Backofen oder im Mikrowellenherd auf. Ein Hinweis ist noch wichtig: Die Lage der Nieren wird sehr häufig viel zu tief vermutet. So liegen beispielsweise die Nierengürtel der Motorradfahrer fast immer mindestens eine Handbreit zu weit unten. Am ehesten findet man die Nieren, wenn man die Rippen abtastet. Der obere Nierenpol kann die elfte Rippe erreichen, der untere Nierenpol sinkt normalerweise nicht unter den Beckenkamm ab.

Die Rückenschaukel

Die Rückenschaukel entstammt dem Yoga und stimuliert einige wichtige Nierenpunkte. Außerdem stärkt und durchblutet sie den ganzen Bereich der Lenden und Nieren. Man sollte diese Übung täglich und über einen längeren Zeitraum hinweg durchführen.

Übung: Legen Sie sich auf den Boden, und nehmen Sie einige tiefe Atemzüge. Schlagen Sie beim Einatmen die Beine zurück, greifen Sie mit Ihren Händen nach den Zehenspitzen, und rollen Sie sich nach hinten, so weit Sie es ohne Anstrengung und ohne Schmerzen vermögen. Halten Sie den Atem an, und zählen Sie bis drei. Rollen Sie beim Ausatmen nach vorn, halten Sie den Atem an, und zählen Sie wieder bis drei. Geben Sie die Füße frei, und lassen Sie den Oberkörper wieder auf den Boden nach hinten sinken. Entspannen Sie sich kurz. Wiederholen Sie diese Bewegung siebenmal. Entspannen Sie sich zum Schluß ausreichend.

DIE APOTHEKE DER NATUR

Man sammelt in der Zeit der Waage, also Ende September und im Oktober, Berberisbeeren, Hagebutten, Lorbeeren, das vollständige Bingelkraut, Schlehebeeren, kleine Kletten, Misteln, Weinreben, Eisenkraut, Eschbaum, Kürbisse, Wegwarte, Hasenkohl, Wacholder, süße und gelbe Rübensamen, Raute, Pfefferkraut und Kürbiskerne.
Hagebuttentee verwendet man bei Blasen- und Nierenleiden und zur Blutreinigung. Vor der Teezubereitung soll man die Früchte zwei Stunden lang im Teewasser weichen lassen.
Schlehdorngeist oder der Genuß von Schlehdornfrüchten wirkt blutreinigend und hilft bei schwachen Nerven. Mistelblätter und die Früchte sind ein uraltes Heilmittel zur Reinigung des Blutes. Dabei wird die Pflanze kalt zugestellt, das heißt, man läßt sie sechs bis acht Stunden im Wasser stehen, das man dann kurz aufkocht. Auch Kürbiskerne sind ein altes und bekanntes Heilmittel bei Blasen-, Nieren- und Prostataleiden. Im Süden werden sie als ein Geschenk der Natur betrachtet: Sie »kosten nichts« und gelten als Wunderheilmittel zur Stärkung der Lebenskraft (und der Potenz). Man trifft dort deshalb auf dem Land viele Bauern, aber an der Küste auch Fischer, die ihre Kürbiskerne kauen und die Schale dann ausspucken. Man kann die Kerne verzehren oder sich mit dem sehr schmackhaften Kürbiskernöl (Reformhaus), das man im Dunkeln aufbewahren soll, Salatgerichte anmachen.

DIE RICHTIGE DIÄT FÜR WAAGEN

Aus Japan kommt eine über Jahre in Salz eingelegte Pflaume mit dem Namen »Umeboshi«. Sie gleicht Übersäuerungen im Organismus aus und unterstützt daher die Nieren. Man führt mit diesen Pflaumen, die es in guten Reformhäusern und asiatischen Geschäften geben sollte, entweder eine Kur durch oder ißt zu »stressigen« Zeiten drei bis fünf dieser Früchte am Tag. Auch nach einem fetten Essen oder zuviel Alkohol hilft Umeboshi, das körperliche Gleichgewicht rascher zurückzuerlangen. Als Kur nimmt man jeweils eine dieser Pflaumen vor den Mahlzeiten, und zwar dreimal täglich und drei Wochen lang.
Für Menschen mit Ödemen oder einem schwammigen, wäßrigen oder aufgeschwemmten Körper empfiehlt sich eine Kur mit Trockenreis.

Diesen Reis erhält man, wenn man einen Teil Reis mit zwei Teilen Wasser kocht und am Ende den Reis ausdampfen läßt. Eine Trockenreiskur dauert fünf bis sieben Tage und entwässert den ganzen Organismus.

Beruf UND KARRIERE

Das Waageprinzip macht harmonisch, sinnig, stimmig, verbindlich und bewirkt auch in beruflicher Hinsicht ein Streben nach dem Schönen, Friedfertigen, Angenehmen und Positiven. Es verleiht den unter diesem Zeichen geborenen Menschen Charme, positive Ausstrahlung, Takt und Feingefühl im Umgang mit gleich-, über- und untergeordneten Mitarbeitern.

In den Augen einer Waage ist das Leben ein Balanceakt, ein Seiltanz. Nur wer sich in der Mitte hält, stürzt nicht ab. Das kostet zwar Kraft, aber davon schenkt ein kardinales Zeichen wie die Waage von Natur aus genug. Das Prinzip Waage verhilft zwar zu feinen, friedlichen Umgangsformen, aber daraus darf man noch lange nicht auf zartbesaitete und zerbrechliche Wesen schließen! Wenn es drauf ankommt, hat die Waage eine immense Kraft. Sie kann Hindernisse scheinbar spielend überwinden und ihren Gegnern Denkzettel verpassen, die jene ihr Lebtag nie mehr vergessen. Ein gutes Beispiel dafür ist der Waagegeborene Mahatma Gandhi. Er bezwang bekanntermaßen mit friedlichen Mitteln die Weltmacht Großbritannien.

Bevor ich mich seinerzeit ganz der Astrologie widmete, war ich als klinischer Psychologe in einem Heim für Drogenabhängige tätig. Einer meiner ersten Klienten, an die ich mich überhaupt erinnere, war eine Waage. Ich weiß nicht einmal mehr, wie der junge Mann hieß, vielleicht Rainer, aber was mir mit ihm widerfahren ist, werde ich nie vergessen. Und meine Erinnerung an ihn wird mir auch immer etwas von Waagegeborenen vor Augen halten: In beruflicher wie privater Hinsicht ist es nämlich eine ihrer Stärken, daß sie selbst dann noch irgendwie aus einer Sache Kapital zu schlagen vermögen, wenn sie völlig in der Tinte sitzen – wie die folgende Geschichte zeigt.

Zu meinen Aufgaben als Psychologe gehörte die Betreuung von Abhängigen mit Hilfe von Gruppentherapien. Von einer Einzelbetreu-

ung wurde in dieser Einrichtung generell abgeraten, da die Erfahrung gezeigt habe, daß ein gewiefter Junkie allemal seinen Therapeuten um den Finger wickle, wohingegen ein Betreuer mit mehreren Patienten durch die sich ergebenden gruppendynamischen Prozesse eine bessere Chance habe.
Während eines meiner ersten Nachtdienste kam Rainer mit Tränen in den Augen zu mir und bat um eine Einzelsitzung. Ich war gerührt und stolz wegen seines Vertrauens und schlug die Warnungen vor der Raffinesse von Abhängigen in den Wind. Er offenbarte mir seine schreckliche Kindheit und seine Verzweiflung über seine Sucht. Er sagte mir, er habe bisher niemand anderem soviel Vertrauen entgegengebracht wie mir. Er gestand mir auch, daß ihn eine große Schuld belaste. Naiv, wie ich als Anfänger war, sicherte ich ihm meine Unterstützung und Loyalität zu, denn ich war von seiner Offenheit tief beeindruckt. Dann kam er zur Sache: Tränenüberströmt gestand er mir seine »Schuld«. Er hatte mit Hilfe eines Nachschlüssels aus dem Arztschrank starke Schmerzmittel entwendet, sie aufgelöst und sich selbst injiziert. Ich war recht entsetzt. Zugleich bewegte mich allerding seine Offenheit immer noch sehr, und ich versprach deshalb, zu ihm zu stehen.
Seine ganze Raffinesse trat erst am nächsten Morgen zutage. Ohne daß ich es wußte, war Rainer bei einer kürzlich durchgeführten unerwarteten Routine-Urinkontrolle, deren Ergebnis erst jetzt vorlag, des Tablettenmißbrauchs überführt worden. Zugleich hatte er als einziger Patient Zugang zum Arztzimmer (er war der »Arztposten«). Das Fehlen starker Schmerzmittel war dem Doktor aufgefallen, und er hatte Rainer auch bereits zur Rede gestellt. Mit anderen Worten: Rainers Heulszene und große Offenheit vom Vorabend waren ein raffinierter Gegenangriff gewesen, eine taktische Meisterleistung, denn egal, wie die Fakten auch aussahen, ich hatte ihm meine Hilfe versprochen und konnte sie ihm jetzt nicht entziehen.
Sie werden jetzt womöglich protestieren und sagen, das hätte mit dem Berufsalltag nichts zu tun und wäre primär dem Gehirn eines Junkies und nicht dem einer Waage entsprungen, und Sie haben natürlich völlig recht. Dennoch, derart gekonnt wird man nur von einer Waage aufs Kreuz gelegt. Waagen haben ein Gespür – nein, einen Instinkt – für Soziales und wickeln jeden um den Finger.
Kürzlich war ich beispielsweise bei einem Geburtstagsessen. Es gab einen köstlichen gebratenen Truthahn, dessen Erscheinen bei Tisch mit vielen Ahs und Ohs kommentiert wurde. Da lag nun das wunder-

schöne knusprige Stück Fleisch. Es hatte zwei Beine – wie jeder Truthahn. Aber seltsamerweise befanden sich in der Geburtstagsrunde anscheinend nur solche Menschen, die auf einen der beiden Schenkel scharf waren. Klar, daß das Geburtstagskind den ersten bekam. Aber wie sollte die illustre Gesellschaft entscheiden, wer das zweite Bein anknabbern dürfte? Neben mir saß eine Waage, und ob Sie's glauben oder nicht: »Ach, ich weiß schon«, sagte sie plötzlich mit todtrauriger Stimme, »ich kriege wieder kein Bein. Ich habe so etwas mein Lebtag noch nie bekommen.«
Sofort waren alle darum besorgt, damit es dem armen Wicht dieses Mal nicht »wie immer« erginge. Sogar das Geburtstagskind war sofort bereit, auf den eigenen Truthahnschenkel zu verzichten.

Der Tierkreis steht symbolisch für sämtliche Belange des Lebens

Ich kenne eine Frau, die ebendiese Taktik in ihrem Beruf anwandte und dadurch gewann. Sie erzählte allen, sie habe gehört, man werde sie bei der nächsten Beförderung übergehen. Prompt zitierte sie zwei Tage später ihr Boß in sein Büro und sagte ihr, daß sie es sicher auch schon vernommen habe, es gebe da ein Gerücht, man wolle sie bei der nächsten Beförderung nicht berücksichtigen. Das stimme jedoch keineswegs. Und sie rückte tatsächlich ein Stück höher auf der Karriereleiter.

SIE SIND EIN VERKAUFSGENIE ...

Waagen sind Topverkäufer. Sie riechen förmlich von weitem, warum ein Kunde ihren Laden betritt. Ich kenne zum Beispiel einen Verkäufer, der Off-road-(Gelände-)Autos, schnittige Sportwagen, Luxuslimousinen und schnuckelige Mini-Winzlinge an den Mann bzw. die Frau bringen muß. Er behauptet felsenfest, daß er bei einem Kunden bereits nach wenigen Sekunden wisse, wie er mit ihm umzugehen habe: »Ich rieche es, noch bevor der Kunde sagt, welchen Typ Auto er will. Off-road-Käufer zum Beispiel tragen Bluejeans und Lederjacken, manchmal auch Lederhosen. Sie geben sich lässig und unkompliziert. Ich ziehe dann sofort mein Jackett aus und hänge es deutlich sichtbar an einen Haken. Das soll signalisieren, daß es jetzt einfach, ehrlich und solide wird. Bei Kunden, die eine Limousine kaufen wollen, würde ich mein Jackett nie ausziehen. Die ›Sportwagentypen‹ brauchen wieder eine andere Ansprache. Auch sie haben oft Lederklamotten, sind aber trotzdem eleganter gekleidet und tragen wertvolle Ringe. Diese Käuferschicht muß man herausfordern, sie konfrontieren, ihnen die Möglichkeit geben, am Schluß bei den Preisverhandlungen zu gewinnen. Wenn jemand einen Kleinwagen kaufen will, lege ich flotte Musik auf, bewege mich schneller, jugendlicher und mit leicht tänzelndem Schritt. Das wirkt.«
Dies mag jetzt alles ein wenig danach klingen, als würde eine Waage ihre Kunden nur manipulieren und dazu überreden, Dinge zu kaufen, die man eigentlich gar nicht braucht. Diesen Eindruck zu vermitteln ist aber nicht meine Absicht. Denn kauft man bei einer Waage ein, kann man auch sicher sein, daß man etwas mit nach Hause nimmt, das zu einem paßt.

Waagen versetzen sich in andere Menschen. Sie schlüpfen in die Haut ihres Kunden oder Geschäftspartners. Sie erfühlen ihn, durchstöbern seine Gehirnwindungen und schmuggeln sich in seine geheime Wunschabteilung.
Ihre große Begabung, sich in andere hineinversetzen zu können, ihre Wünsche und Absichten zu erraten, befähigt Waagegeborene natürlich nicht nur zum Beruf des Verkäufers. Auch als Psychotherapeuten, Managementberater, Politiker oder Diplomaten sind sie in ihrem Metier. Wenn Sie die Praxis einer Waage betreten, fühlen Sie sich sofort geborgen, aufgenommen, willkommen. Sprechen Sie dann mit der Ärztin oder dem Arzt, dem Psychologen oder Heilpraktiker, öffnen Sie ihnen ohne jegliche Vorbehalte Ihr Herz. Denn Sie fühlen sich vom ersten Augenblick an verstanden.
Aus dem gleichen Grund werden Waagen Coiffeure, Masseure, Kosmetiker, oder sie arbeiten im Gastgewerbe. Immer ist es ihr Ziel, andere fröhlicher, gütiger, glücklicher, zufriedener, entspannter oder schöner zu machen – und vor allem in dieser Hinsicht sind sie jeweils die geborenen Meister ihres Fachs.

… ODER AUCH EIN KÜNSTLER

Sogar das größte Potential der Waagen – ihre enorme Schöpferkraft, ihr geniales Talent für Kunst, ihr untrüglicher Geschmack – entstammt letztlich dem für sie typischen tiefen Wunsch nach einer besseren Welt, in der Menschen sich in Achtung und Liebe begegnen. Was immer sie ansehen, hören, berühren, riechen, schmecken, weckt ihren ästhetischen Sinn und ihre Kreativität. All die kleinen und großen schöpferischen Leistungen, vom kunstvoll nachgezogenen Lidstrich in der Maske beim Film über das Layout einer Tageszeitung bis zum unsterblichen Kunstwerk wurden und werden häufig von Waagemenschen gemacht. Berühmte Beispiele sind der Dichter Arthur Rimbaud, der Komponist George Gershwin, die Filmschauspielerin Brigitte Bardot, der Schriftsteller Günter Grass, der Harfenist Andreas Vollenweider, der Opernsänger Luciano Pavarotti, der Architekt Le Corbusier und der Opernkomponist Giuseppe Verdi. Und tagtäglich gehen Waagen als Blumenbinder, Coiffeure, Kosmetiker, Kostümberater, Maskenbildner, Modedesigner, Visagisten und in ähnlichen Me-

tiers ihrer Berufung nach. Sogar wenn man an einen offenbar völlig »unkreativen« Arbeitsplatz kommt – an einen Verkaufsschalter, in ein Sachbearbeiterbüro oder was auch immer –, erkennt man am Blumenstrauß auf dem Tisch oder am besonders höflichen Umgangston: Hier arbeitet ein Waagegeborener.
Dieter, eine typische Waage, hat bei mir eine zweijährige Astrotherapie gemacht. Ich kenne daher sowohl seine Lebensgeschichte als auch speziell seine berufliche Entwicklung recht gut. Nach dem Abitur konnte er sich für kein Studium entscheiden: Jura, Philosophie, Geographie, Pädagogik, Psychologie ... Alles schien ihm ungeheuer interessant, aber an allem hatte er etwas auszusetzen.
Hier begegnen wir wieder einer typischen Waageeigenschaft: Sie können sich nicht entscheiden. Und je gewichtiger die Wahl ist, um so schwieriger wird es für die Waage, sie zu treffen. Eine berufliche Entscheidung, die in aller Regel für einen Großteil des Lebens von Belang ist, bringt eine Waage in fürchterliche Not.
Dieter entschloß sich daher, dem ganzen Druck zu entfliehen und erst einmal für ein halbes Jahr zu verreisen. Auf dieser Reise lernte er jemanden kennen, der ihn motivierte, eine Ausbildung zum Feldenkrais-Therapeuten zu absolvieren. Die darauffolgenden vier Jahre verbrachte Dieter häufig im Ausland, weil dort die Kurse zu dieser körpertherapeutischen Ausbildung stattfanden. Nach bestandener Prüfung begann er mit einer kleinen Praxis im Raum Stuttgart. Sie lief nicht schlecht, aber er konnte auch nicht richtig davon leben. Außerdem kam er zu dem Schluß, daß es doch nicht ganz seine Sache war, mit Menschen nur über den Körper zu arbeiten. In der Zwischenzeit war er 29 Jahre alt geworden und ziemlich verzweifelt darüber, daß er sein Berufsziel immer noch nicht gefunden hatte.
Aus dieser Not heraus kam er damals zu mir in die Sprechstunde. Ich weiß noch, daß ich sehr beeindruckt war von seinem Horoskop, denn er war nicht nur vom Sonnenzeichen her Waage, sondern auch sein Aszendent und sein Mond standen in der Waage. Ich sagte ihm, daß ich mich fragte, warum er sich so wenig für das Thema Kunst interessiere. Er reagierte erstaunt, meinte, daß er sich sehr wundere, wie ich darauf gekommen sei. In der Tat war er bis zu seinem fünfzehnten Lebensjahr ein begeisterter Sänger und Musiker und versuchte sich sogar als Maler. Nach einer Auseinandersetzung mit seinen Eltern, die ihn wegen seiner künstlerischen Ambitionen auslachten, gab er die Vervollkommnung seiner Talente auf.

In den anschließenden Wochen und Monaten erörterten wir immer wieder diese Verweigerungshaltung, die er damals eingenommen hatte. Ein Jahr später begann Dieter schließlich eine Ausbildung zum Kunsttherapeuten, die er nach zwei Jahren abschloß. Er bekam ein Stelle in einem Kurheim, allerdings als Körpertherapeut, machte aber am Abend mit den Patienten Kunsttherapie. Ein Jahr später wechselte Dieter in eine andere Klinik. Hier ist er ausschließlich als Kunsttherapeut beschäftigt.

In dieser Tätigkeit erlebt er sich als erfüllt: Menschen mit seiner einfühlenden Art entgegenzukommen, ihnen zu begegnen, sie zu verstehen, ihre kreativen Quellen zu öffnen ...

Ich habe dieses Beispiel ausgewählt, weil ich meine, daß es typisch für Waagen ist. Es spiegelt die künstlerische Ader wider, die allen Waagen zu eigen ist. Klar können und wollen nicht alle Waagen Künstler, Fotograf, Layouter oder Musiker werden. Aber jeder unter diesem Zeichen Geborene kann danach trachten, das, was er tut, kreativ anzureichern. Ich kenne ebenso einige gute Pädagogen unter Waagegeborenen, weiß aber auch von vielen Waagen, die sich gegen die Ausübung des Lehrerberufs sträuben, in drei mir bekannten Fällen sogar noch nach dem Staatsexamen. Der Grund hierfür liegt in ihrem sensiblen Nervenkostüm. Waagen sind derartig stark *du*-orientiert, daß sie vor einer Schulklasse, vor einer Meute frustrierter Schüler, die man im Prinzip zu allem »überreden« muß, schlichtweg kapitulieren. Es ist völlig wider ihre Natur, jemand anderen gegen seine Bereitschaft zu etwas zu zwingen. »Zwang« ist überhaupt ein Wort, das im Repertoire einer Waage nicht vorkommt. In erstaunlich klarer Weise tritt diese Tatsache auch in den Untersuchungen von Gunter Sachs (*Die Akte Astrologie*) zutage: Waagen ergreifen deutlich weniger als andere die Berufe Polizist, Erzieher, Oberstufenlehrer und Primarlehrer. Ich würde einer Waage nicht ohne weiteres zur Lehrtätigkeit raten und zumindest meine Vorbehalte klar zur Sprache bringen.

Waagen werden auch phantasievolle Handwerker, Feinmechaniker, Techniker, Schneider und Schmiede. Genauso liegen ihnen Mode, Design, die Goldschmiedekunst sowie die Restauration von und der Handel mit Antiquitäten buchstäblich im Blut.

Ein Beruf, in dem sie weder ihr soziales Geschick noch ihre kreativen Fähigkeiten einbringen können, ist auf die Dauer Gift für sie. Ich kenne einige Waagen, die darunter leiden, daß sie eine phantasielose, mechanische Arbeit verrichten. Und ich wage die Behauptung aufzustellen, daß Waagegeborene seelisch verkümmern und sogar krank werden, wenn in ihrem Job auch nicht die kleinste Möglichkeit für kreative Höhenflüge existiert. Ich rate dann immer, wenigstens irgendein kreatives Hobby auszuüben: Eine Waage, die täglich eine Stunde singt, Gitarre spielt oder zeichnet, wird in der Regel nicht so leicht seelisch krank.

Ihre Umgangsformen müssen nochmals extra herausgestrichen werden. Es ist kein Zufall, daß Freiherr Adolph von Knigge, der Verfasser der (teilweise pedantischen) Lebensregeln *Über den Umgang mit Menschen,* kurz »Knigge« genannt, eine Waage war. Die Fähigkeit des tadellosen Benehmens, des Charmes und kunstvollen Umgangstons läßt waagebetonte Menschen überall dort wichtig werden, wo gepflegter Stil und Kontaktfreudigkeit gefragt sind: Repräsentanz, Akquisition, Unterhaltung, Vermittlung und Wirken auf Ebenen, in denen Menschen friedlich miteinander verkehren wollen, besonders in den diplomatischen Korps aller Regierungen dieser Welt.

DAS ARBEITSUMFELD UND DIE BERUFE DER WAAGEN

Wo arbeiten Waagen am liebsten?

Waagen betätigen sich mit Vorliebe in einem Umfeld, in dem es um Verstehen, Einfühlen und Beraten geht. Diplomatie muß im Spiel sein, und Schönheit, Geschmack, Genuß und Ästhetik erlangen Bedeutung. Wo Ausdruck, Darstellung, Gestaltung, Kreativität wichtig sind, fühlen sich Waagen zu Hause. Ebenso wo verkauft und gehandelt wird, wo zwischenmenschliche Begegnungen stattfinden, wo es um Ideenproduktion geht und wo Idealismus, Gerechtigkeit sowie Rechtsprechung eine Rolle spielen. Waagen sind prädestiniert für ein Arbeitsumfeld, in dem der Glaube an das Gute und Friedliche im Menschen vorhanden ist und für den Frieden gearbeitet wird.

Berufe der Waagen

Angestellter/Beamter in der Justizverwaltung, Antiquitätenhändler, Atem- und Stimmlehrer, Außenhandelskaufmann, Bildingenieur, Blumenbinder, Computer-Layouter, Cutter, Dekorateur, Diplom-Holzwirt, Dipl.-Ing. in der Fertigungstechnik, Dipl.-Ing. Hoch- und

Tiefbau, Dipl.-Ing. in der Konstruktion, Diplompsychologe, Diplom-Sozialarbeiter, Gartenbauarchitekt, Gärtner, Hotelkaufmann, Industriedesigner, Informationsgrafiker, Innenarchitekt, Jurist, Kosmetiker, Kultur-/Medienmanager, Kunsterzieher, Kunsthistoriker, Maskenbildner, mathematisch-technischer Assistent, MAZ-Techniker, Medieninformatiker, Multimediaproducer, Museumswärter, Musikerzieher, Netzwerkspezialist, Pilot, Politiker, Privatdozent, Rechtsanwalt, Rechtspfleger, Restaurateur, Richter, Schauspieler, Schriftsteller, Staatsanwalt, Steward, Tanzlehrer, Theaterwissenschaftler, Berufe in Umweltorganisationen, Werbekaufmann, Wirtschaftsjurist.

Saturn nimmt Maß und setzt Grenzen

Test:

WIE »WAAGEHAFT« SIND SIE EIGENTLICH?

Mit Hilfe des folgenden Tests können Sie in Erfahrung bringen, wie typisch Sie für Ihr Tierkreiszeichen sind. Gehen Sie dabei so vor: Kreuzen Sie die Zahl an, wenn Sie die jeweilige Frage mit Ja beantworten. Falls Sie also gern Testfahrer wären, würden Sie die Zahl 1 ankreuzen. Wenn nicht, würden Sie dies nicht tun.

	+		–
Wären Sie gern Testfahrer?		1	
Sind Sie ein Mensch, der gern Geld zurücklegt?		2	
Haben Sie gern mit Kunst zu tun?		3	
Sind Sie gern unter Menschen?		4	
Würden Sie gern Politik machen?		5	
Sagen Sie gern anderen, was sie tun sollen?		6	
Würden Sie gern allein in einer Wetterstation arbeiten?		7	
Lesen Sie viel und gern?		8	
Möchten Sie gern schwerkranke Menschen betreuen?		9	
Ist es Ihnen egal, was Sie arbeiten, Hauptsache, das Geld stimmt?		10	
Ordnen Sie sich leicht unter?		11	
Haben Sie Geduld?		12	
Ist Ihnen Harmonie wichtig?		13	
Möchten Sie auf dem Lande leben und arbeiten?		14	
Stehen Sie gern in der Öffentlichkeit?		15	
Möchten Sie Falschparkern einen Strafzettel geben?		16	
Möchten Sie an einer Diät als Testperson mitmachen?		17	
Möchten Sie Gehälter abrechnen?		18	
Unterhalten Sie andere Leute gern?		19	
Arbeiten Sie gern im Team?		20	
Könnten Sie von der Hand in den Mund leben?		21	
Interessieren Sie sich für Mode?		22	
Mögen Sie Risiko?		23	
Führen Sie gern technische Berechnungen durch?		24	
Wären Sie gern ein Entdeckungsreisender?		25	
Mögen Sie Veränderungen?		26	
Möchten Sie auf einer Bühne stehen?		27	

	+		–
Können Sie gut allein leben?		28	
Können Sie leicht auf die Tageszeitung verzichten?		29	
Möchten Sie gern Kinder betreuen?		30	
Halten Sie Gefühle für wichtiger als den Verstand?		31	
Können Sie leicht aus sich herausgehen?		32	
Liegt Ihnen das Wohlergehen anderer am Herzen?		33	
Sind Sie gern Gastgeber?		34	
Betreuen Sie gern Kranke?		35	
Wären Sie gern Lehrer?		36	
Sind Sie ein beständiger Mensch?		37	
Gehen Sie gern und häufig aus?		38	
Möchten Sie Menschen beraten?		39	
Möchten Sie Schaufenster dekorieren?		40	
Möchten Sie gefährliche Chemikalien transportieren?		41	
Würden Sie gern an einem Bankschalter stehen?		42	
Treiben Sie gern Sport?		43	
Würden Sie gern als Diskjockey arbeiten?		44	
Wären Sie gern Astronaut?		45	
Können Sie sich vorstellen, im Ausland zu arbeiten?		46	
Möchten Sie gern Reporter sein?		47	
Übernehmen Sie gern Verantwortung?		48	
Wären Sie gern Fotomodell?		49	
Können Sie leicht bei einer Sache bleiben?		50	

Summe: ______________

Auswertung

Schreiben Sie immer dann ein Plus (+) links neben die Zahl, wenn Sie die Nummern **4, 8, 15, 19, 21, 26, 27, 36, 38, 39, 44, 47, 49** angekreuzt haben (maximal dreizehnmal ein Plus).

Tragen Sie immer ein Minus (–) neben der Zahl ein, wenn Sie die Nummern **7, 9, 12, 14, 16, 17, 28, 29, 31, 37, 50** angekreuzt haben (maximal elfmal ein Minus).

Ziehen Sie die Anzahl der notierten Minus- von der Anzahl der Pluszeichen ab. Die Differenz ist Ihr Testergebnis.

Interpretation

Ihr Testergebnis beträgt 8 oder mehr Punkte: Sie sind eine hundertprozentige Waage. Alles, was in diesem Buch über die Natur der Waagen geschrieben ist, trifft auf Sie zu. Sie sind harmonisch, zuvorkommend, *du*-orientiert, sinnig, können sich schwer entscheiden, stiften leicht Kontakt und haben ein sehr hohes Ideal von der Liebe. Im Leben suchen Sie die schönen und harmonischen Seiten und gehen allem, was mit Ecken und Kanten zu tun hat, lieber aus dem Weg. Sie sind ein Verstandesmensch. Gefühlen gegenüber sind Sie eher mißtrauisch.

Ihr Testergebnis liegt zwischen 4 und 7 Punkten: Bei Ihnen ist das Naturell der Waage gedämpft. Wahrscheinlich haben Sie einen Aszendenten, der die Qualität Ihrer Waagepersönlichkeit in einer anderen Weise beeinflußt. Oder Ihr Mond hat diese Wirkung. Für Sie ist es daher interessant, die Stellung Ihres Mondes und Ihren Aszendenten im zweiten Teil dieses Buches kennenzulernen. Es kann aber auch sein, daß Sie durch frühere Erfahrungen dazu veranlaßt wurden, Ihr Waagenaturell abzulehnen. Dann ist es besonders wichtig, daß Sie sich damit wieder anfreunden und es mehr zulassen.

Ihr Testergebnis beträgt weniger als 4 Punkte: Sie sind eine untypische Waage. Wahrscheinlich haben Sie einen Aszendenten, der sich völlig anders als das Waageprinzip deuten läßt, oder Ihr Mond steht in einem solchen Zeichen. Es wird sehr spannend für Sie sein, dies im zweiten Teil des Buches herauszufinden. Sie haben es aber im Lauf Ihres Lebens womöglich auch für nötig befunden, Ihre Waageseite abzulehnen und zu verdrängen. Es ist daher Ihre Aufgabe, sich mit diesem Teil Ihrer Persönlichkeit wieder anzufreunden: Sie sind ein Geschöpf der Luft, das von seinem Naturell her dafür geschaffen ist, Menschen zu begegnen, sie zu unterhalten und ihnen die fröhliche, leichte Seite des Lebens zu zeigen.

Teil II IHRE INDIVIDUALITÄT

Der Aszendent und die Stellung von Mond, Merkur & Co. –

VORBEMERKUNG

In Teil I wurde erläutert, warum die Waage Ihr »Sternzeichen« ist, nämlich weil die Sonne zum Zeitpunkt Ihrer Geburt in diesem Abschnitt des Tierkreises stand. Nun gibt es in unserem Sonnensystem bekanntlich noch andere Himmelskörper, von denen der Erdtrabant Mond und die Planeten für die Astrologie bedeutsam sind. Sie alle haben ebenfalls entsprechend ihrer Stellung bei einer Geburt eine spezifische Aussagekraft. Obendrein spielen auch noch der Aszendent, die astrologischen Häuser und weitere Faktoren eine Rolle. Alles zusammen ergibt ein Horoskop.

Dieses Wort hat seine Wurzeln im Griechischen und heißt soviel wie »Stundenschau«, weil ein Horoskop auf die Geburtsstunde (eigentlich Geburtsminute) genau erstellt wird. Es ist also eine – in Zeichen und Symbole übersetzte – Aufnahme der astrologischen Gestirnskonstellationen zum Zeitpunkt einer Geburt. Es spiegelt die vollständige Persönlichkeit eines Menschen wider.

Im folgenden werden die neben der Sonne wichtigsten Größen eines Horoskops gedeutet: Aszendent, Mond, Merkur, Venus, Mars, Jupiter und Saturn. Sie können mit Hilfe des Geburtstags und der Geburtszeit ihre Position im Tierkreis ermitteln und dann die jeweilige Bedeutung kennenlernen. Die Interpretation dieser Horoskopfaktoren ist manchmal vom Sonnenzeichen des oder der Betreffenden abhängig, im großen und ganzen jedoch nicht. Wenn Sie also zum Beispiel ein Stier wären, dessen Mond im Widder stünde, müßte diese Mondstellung genauso gedeutet werden, wie wenn Sie vom Sonnenzeichen her eine Löwe- oder eine Fischepersönlichkeit wären. Entsprechend finden Sie in den verschiedenen Bänden dieser Buchreihe in der jeweiligen Beschreibung des Aszendenten-, Mond-, Merkur-, Venus-, Mars-, Jupiter- und Saturnzeichens die gleichen Aussagen.

Auf der anderen Seite ist es wichtig, zu verstehen, daß die Interpretation einer einzelnen Größe wie zum Beispiel Aszendent, Mond oder Sonne immer nur einen bestimmten Aspekt wiedergibt, der eventuell widersprüchlich zu dem sein kann, was über einen anderen Faktor gesagt ist. Die Kunst der Astrologie beruht aber gerade darauf, Verschiedenes,

eventuell sogar Sich-Widersprechendes miteinander zu verbinden bzw. gemäß der eigenen Intuition und Erfahrung zu gewichten.
Die Tabellen zur Berechnung des Aszendenten, der Mond-, der Merkur-, der Venus-, der Mars- und der Jupiterstellung in diesem Band gelten nur für Ihr Tierkreiszeichen, die Saturntabelle gilt auch für alle anderen Zeichen.

DER ASZENDENT

Von Ihrem Sonnenzeichen her sind Sie ein Waagegeborener, dies ist aber wie gesagt nur *ein* Aspekt Ihrer Persönlichkeit. Die Astrologie kennt noch viele andere, wovon der Aszendent der wichtigste ist.
Für die Bestimmung des Aszendenten muß man allerdings die genaue Geburtszeit kennen. Sie ist erfahrbar, weil sie auf dem Standesamt des Geburtsorts festgehalten wird. Wenn Sie also die Zeit, zu der Sie das Licht der Welt erblickt haben, nicht kennen, haben Sie die Möglichkeit, dort anzufragen und um Auskunft zu bitten.
Als ich seinerzeit damit begann, Horoskope zu erstellen, war ich sehr erstaunt darüber, daß die Geburtszeit neben dem Geburtstag in den Büchern der Standesämter festgehalten wird. Der Geburtstag dient dem Staat neben anderen Angaben zur eindeutigen Identifizierung einer Person. Aber welchen Zweck erfüllt für die Bürokratie die Geburtszeit? Für mich liegt darin auch heute noch kein größerer Nutzen als dieser: Durch die schriftliche Fixierung der Geburtszeit liefern die Behörden der Astrologie die wichtigste Berechnungsgrundlage und ermöglichen so jedem Menschen einen Blick auf den ganz persönlichen, einzigartigen Anfang seines Lebens.
Der Aszendent symbolisiert Ihre individuelle Note. Das Sonnen- oder Tierkreiszeichen haben Sie ja gemeinsam mit allen Menschen, die wie Sie zwischen dem 24. September und dem 23. Oktober geboren sind. Der Aszendent jedoch ergibt sich aus Ihrer ganz persönlichen Geburtszeit.
Was ist denn nun der Aszendent? Bekanntlich dreht sich die Erde in zirka 24 Stunden um ihre eigene Achse. Von der Erde aus gesehen, beschreibt die Sonne dabei aber einen Kreis um unseren Planeten. Dieser Kreis wird – ebenso wie beim scheinbaren Kreislauf der Sonne um die Erde innerhalb eines Jahres – in zwölf Abschnitte unterteilt: die zwölf Zeichen des Tierkreises. Entsprechend steigt am östlichen Hori-

zont etwa alle zwei Stunden ein neues Tierkreiszeichen auf. Dasjenige, das zum Zeitpunkt Ihrer Geburt gerade dort aufging, nennt man »Aszendent« (dieser Begriff ist abgeleitet vom lateinischen Wort *ascendere* = »aufsteigen«).
Die Deutung des Aszendenten ist auch dementsprechend, denn zunächst einmal wollen Ihre Anlagen (repräsentiert durch den Aszendenten) das gleiche wie das Tierkreiszeichen am Himmel, nämlich »aufgehen«. Wenn Sie also Aszendent Widder »sind«, dann strebt die durch dieses Zeichen symbolisierte Kraft danach, in Ihrem Leben aufzugehen und stärker zu werden. Sind Sie Aszendent Fische, dann versuchen sich Fischekräfte in Ihrem Leben bemerkbar zu machen. Man kann auch sagen, daß Ihr Aszendent mit zunehmendem Alter immer stärker wird. Manchmal ergänzen sich Aszendent und Tierkreiszeichen, zuweilen sind sie völlig entgegengesetzt. Entsprechend fällt es einem leichter oder schwerer, seinen Aszendenten zusammen mit seinem »Stern-« bzw. Sonnenzeichen in sein Leben zu integrieren.

DIE ERMITTLUNG DES ASZENDENTEN

A Suchen Sie in Tabelle 1 Ihren Geburtstag, und tragen Sie die zugehörige Zahl in Feld 1 auf Seite 75 ein
(zum Beispiel: 9. Oktober ergibt 1).

B Multiplizieren Sie Ihre Geburtsstunde mit der Zahl 15
(0.00 Uhr ergibt 0; 10.00 Uhr ergibt 150; und 23.00 Uhr ergibt 345).
Tragen Sie die gefundene Zahl in Feld 2 auf Seite 75 ein.

C Teilen Sie Ihre Geburtsminute durch die Zahl 4
(0 Minuten ergibt 0; 10 Minuten ergibt 2,5; 40 Minuten ergibt 10).
Tragen Sie die gefundene Zahl in Feld 3 auf Seite 75 ein.

Tabelle 1

23. September	346
24. September	347
25. September	348
26. September	349
27. September	350
28. September	351
29. September	352
30. September	353
1. Oktober	354
2. Oktober	355
3. Oktober	356
4. Oktober	357
5. Oktober	358
6. Oktober	359
7. Oktober	360
8. Oktober	0
9. Oktober	1
10. Oktober	2
11. Oktober	3
12. Oktober	4
13. Oktober	5
14. Oktober	6
15. Oktober	7
16. Oktober	8
17. Oktober	9
18. Oktober	10
19. Oktober	11
20. Oktober	12
21. Oktober	13
22. Oktober	14
23. Oktober	15
24. Oktober	16

D Suchen Sie in der Landkarte den Abschnitt, in dem Ihr Geburtsort liegt, und tragen Sie die Ortszahl in Feld 4 auf Seite 75 ein (München ergibt 12, Berlin ergibt 13).

E Bilden Sie die Zwischensumme 1 aus Feld 1 bis 4.

F War bei Ihrer Geburt Sommerzeit? Dann muß die Zahl 15 abgezogen werden. Die Sommerzeiten in Deutschland, Österreich und der Schweiz finden Sie in der folgenden Tabelle auf Seite 73 bzw. 74.

G Bilden Sie die Zwischensumme 2. Ergibt sich eine Zahl von über 360, dann muß die Zahl 360 abgezogen werden.

H Bilden Sie die Summe 3.

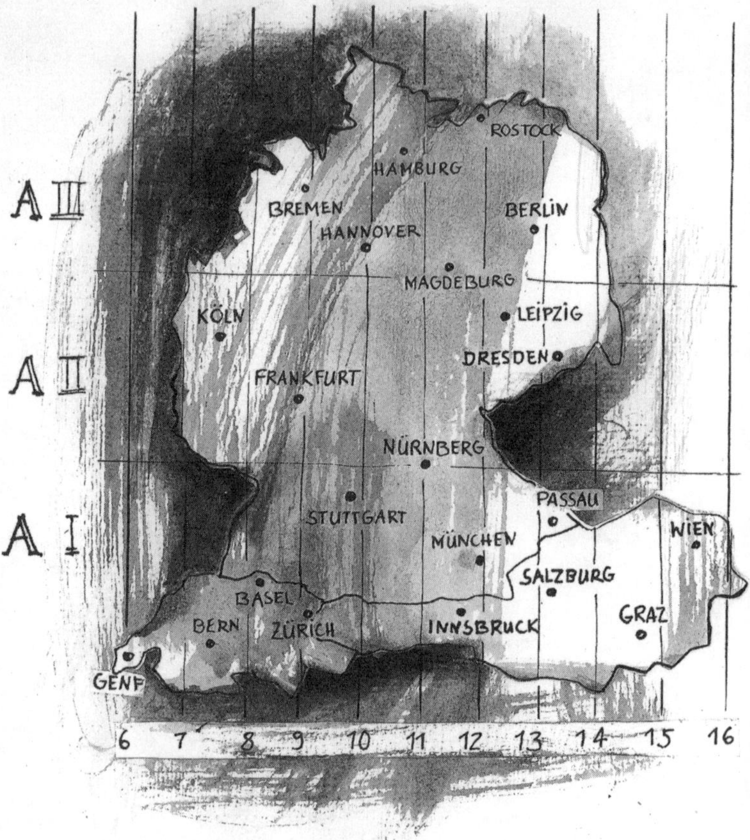
A III
A II
A I
ROSTOCK
HAMBURG
BREMEN
BERLIN
HANNOVER
MAGDEBURG
KÖLN
LEIPZIG
DRESDEN
FRANKFURT
NÜRNBERG
PASSAU
STUTTGART
WIEN
MÜNCHEN
SALZBURG
BASEL
GRAZ
BERN
ZÜRICH
INNSBRUCK
GENF
6
7
8
9
10
11
12
13
14
15
16

Sommerzeiten in Deutschland und Österreich

1940	1. April bis 31. Dezember
1941	1. Januar bis 31. Dezember
1942	1. Januar bis 1. November
1943	29. März bis 3. Oktober
1944	3. April bis 1. Oktober
1945	2. April bis 15. Oktober[1]
1946	14. April bis 7. Oktober
1947	6. April bis 5. Oktober[2]
1948	18. April bis 2. Oktober
1949	10. April bis 1. Oktober (D/sowj. bes. Zone bis 18. November)
1980	6. April bis 27. September
1981	29. März bis 26. September
1982	28. März bis 25. September
1983	27. März bis 24. September
1984	25. März bis 29. September
1985	31. März bis 28. September
1986	30. März bis 27. September
1987	29. März bis 26. September
1988	27. März bis 24. September
1989	26. März bis 23. September
1990	25. März bis 29. September
1991	31. März bis 28. September
1992	29. März bis 26. September
1993	28. März bis 25. September
1994	27. März bis 24. September
1995	26. März bis 23. September
1996	31. März bis 26. Oktober
1997	30. März bis 25. Oktober
1998	29. März bis 24. Oktober
1999	28. März bis 30. Oktober
2000	26. März bis 28. Oktober
2001	25. März bis 27. Oktober
2002	31. März bis 27. Oktober
2003	30. März bis 26. Oktober

[1] Im sowjetisch besetzten Gebiet Deutschlands vom 24. Mai bis 24. September doppelte Sommerzeit (mitteleuropäische Zeit minus 2 Stunden). Wenn Sie davon betroffen sind, sollten Sie sich ein professionell erstelltes Horoskop anfertigen lassen (siehe Info am Ende dieses Buches).

[2] 1947: doppelte Sommerzeit. Siehe Anm. 1.

Sommerzeiten in der Schweiz

1941	5. Mai bis 6. Oktober
1942	4. Mai bis 5. Oktober

Ab **1981** wie Deutschland und Österreich

Bestimmen Sie in Tabelle 2 Ihren Aszendenten. Dabei müssen Sie noch unterscheiden, ob Ihr Geburtsort in Abschnitt AI, AII oder AIII der Landkarte liegt.

Tabelle 2

AI	**AII**	**AIII**	**Aszendent**
270–280	270–279	270–278	Widder
281–284	280–283	279–282	Widder/Stier
285–297	284–295	283–291	Stier
298–303	296–301	292–299	Stier/Zwillinge
304–321	302–319	300–313	Zwillinge
322–330	320–328	314–325	Zwillinge/Krebs
331–355	329–353	326–348	Krebs
356–7	354–5	349–3	Krebs/Löwe
8–35	6–34	4–31	Löwe
36– 48	35–47	32–46	Löwe/Jungfrau
49–77	48–76	47–75	Jungfrau
78–89	77–89	76–89	Jungfrau/Waage
90–117	90–118	90–119	Waage
118–130	119–131	120–132	Waage/Skorpion
131–158	132–160	133–164	Skorpion
159–171	161–173	165–175	Skorpion/Schütze
172–197	174–200	176–204	Schütze
198–208	201–210	205–213	Schütze/Steinbock
209–228	211–230	214–235	Steinbock
229–235	231–237	236–239	Steinbock/Wassermann
236–249	238–251	240–254	Wassermann
250–254	252–255	255–256	Wassermann/Fische
255–265	256–266	257–266	Fische
266–269	267–269	267–269	Fische/Widder

Wenn Ihr Aszendent auf ein doppeltes Zeichen (zum Beispiel Widder/Stier) fällt, ist es ratsam, sich Ihren Aszendenten genau bestimmen zu lassen (siehe Info am Schluß des Buches).

Beispiel: Helga Mustermann, geb. am 9. 10. 1986 um 16.30 Uhr in Nürnberg

A	Feld 1	Ihr Geburtsdatum ergibt Tageszahl		1	
B	Feld 2	Ihre Geburtsstunde ergibt Stundenzahl		240	(16 mal 15)
C	Feld 3	Ihre Geburtsminute ergibt die Minutenzahl		7,5	(30 durch 4)
D	Feld 4	Ihr Geburtsort ergibt die Ortszahl		11	
E	Zwischensumme 1			295,5	
F	Sommerzeit (?)		(–15) ja	0	
G	Zwischensumme 2			259,5	
		Über 360 (?)	(–360) ja	0	
H	**Summe 3**			**259,5**	

Im Beispiel ist der Aszendent (259,5 in AII) Fische.

Hier können Sie Ihren Aszendenten berechnen

A	Feld 1	Ihr Geburtsdatum ergibt Tageszahl		348
B	Feld 2	Ihre Geburtsstunde ergibt Stundenzahl		135
C	Feld 3	Ihre Geburtsminute ergibt die Minutenzahl		[illegible]
D	Feld 4	Ihr Geburtsort ergibt die Ortszahl		[illegible]
E	Zwischensumme 1			498,5
F	Sommerzeit (?)		(–15)	– 15
				483,5
G	Zwischensumme 2			483,5
	Über 360 (?)		(–360)	– 360,–
H	**Summe 3**			123,5

Mein Aszendent lautet: Waage/Skorpion

DIE ASZENDENTEN DER WAAGEN

Wenn Sie Ihren Aszendenten ermittelt haben, können Sie nun im folgenden etwas darüber erfahren, was er über bestimmte Teilbereiche Ihrer Persönlichkeit aussagt (siehe auch die Vorbemerkung am Beginn von Teil II). Haben Sie ein doppeltes Zeichen errechnet, lesen Sie am besten nach, was über beide geschrieben steht – meistens erkennt man dann schon, welches das wahrscheinlichere ist. Sie können sich aber auch den Aszendenten bzw. ein ganzes Horoskop mit allen Gestirnskonstellationen errechnen lassen (siehe die Info am Ende dieses Buches).

Aszendent WIDDER

Vorteile Direkt, spontan, dynamisch, durchsetzungsstark
Nachteile Ungeduldig, launisch
Aszendentenherrscher Mars

Darüber sollte kein Zweifel bestehen: Sie geben den Ton an, Sie treffen die Entscheidungen – und zwar blitzschnell. Gegenargumente interessieren Sie zunächst einmal herzlich wenig! Manche werden Sie daher gelegentlich »skrupellos« nennen, vielleicht sogar einen »Egoisten« ... Aber was soll man machen? Sie sind nun mal ein temperamentvoller Mensch! Außerdem treten Sie ja niemandem grundlos auf die Füße. Also warum sollten Sie auf Ihre spontane, direkte Art verzichten, nur weil Sie von Schlafmützen umringt sind? Man wird doch wohl noch sagen dürfen, was Sache ist ...! Sie behaupten ja auch nicht, daß Sie mit Ihrem Aszendenten Widder ins diplomatische Korps aufgenommen werden möchten oder eine Beamtenkarriere mit dem Prädikat »gute Führung« anstreben. Dafür sind Sie viel zu temperamentvoll und ungeduldig.
Ihre Qualitäten sind ganz anderer Natur: Überall da, wo Neues entsteht, wo expandiert wird, da haben Sie Ihre große Chance. Sie sind der Ausputzer, und das nicht nur auf dem Fußballfeld. Losstürmen, zupacken, durchgreifen – das können Sie wie kaum ein zweiter.
Obwohl nicht gerade feinfühlig, sind Sie trotzdem sehr beliebt. Im Grunde bleiben Sie ein herrlicher Kindskopf bis ins hohe Alter – sind aber auch mit Achtzig noch unfähig, Ihre Wut und Ungeduld in den Griff zu kriegen.

Aszendenten-Check
Wie ergänzen sich Sonne und Aszendent? Ihr Sonnenzeichen Waage und Ihr Aszendentenzeichen Widder liegen sich im Tierkreis genau gegenüber, stehen also für völlig entgegengesetzte Qualitäten: Einerseits sind sie waagehaft harmonisch und *du*-orientiert, andererseits (Widder) *ich*-haft und drängend. Sie kommen mit diesen beiden widersprüchlichen Seiten um so besser klar, je mehr Sie sich Ihre Widersprüchlichkeit zugestehen, annehmen, daß Sie zwei entgegengesetzte Anlagen haben, und nicht versuchen, sich in eine Richtung zwängen zu wollen.

Aszendent STIER

Vorteile Solide, sachlich, praktisch, sinnlich
Nachteile Stur, inflexibel
Aszendentenherrscher Venus

Von Ihrer Aszendentenkraft her sind Sie ein Praktiker, der das Leben realistisch und mit Hilfe seiner fünf Sinne betrachtet. Wertvoll ist, was gut klingt, angenehm riecht und schmeckt, schön aussieht und sich anfassen läßt. Außerdem sind Sie hedonistisch, also bis in die Zehenspitzen genußorientiert, dabei aber nie leichtsinnig, flatterhaft oder unzuverlässig. Schnaps ist Schnaps, und Dienst ist Dienst! Und ohne Arbeit keine Kohle und ohne Kohle kein Vergnügen! Manche sehen in Ihnen deswegen nichts anderes als einen schnöden Materialisten, ohne zu erkennen, was Sie wirklich sind: Realist nämlich – und praktisch durch und durch, mit beiden Beinen fest auf der Erde.
Was Sie einmal als Ihr Eigentum deklariert haben, lassen Sie sich nur ungern wieder nehmen. Doch Sie sind kein knausriger Mensch; Sie sind durchaus bereit zu teilen, aber niemand darf Sie drängen!
Wenn Sie lieben, würden Sie sogar Ihr letztes Hemd verschenken. In derart rosaroter Stimmung wird aus Ihnen ein Philosoph, der nächtelang über Gott und die Welt räsoniert. Ihr Partner darf alles, bloß kein Asket sein – genausowenig aber auch kein lockeres Vögelchen, das Ihr geliebtes Geld zum Fenster rauswirft.

Aszendenten-Check
Wie ergänzen sich Sonne und Aszendent? Ihr Sonnenzeichen Waage und Ihr Aszendentenzeichen Stier sind gegensätzlicher Natur. Ihre ideali-

stische Waageseite stößt sich mit der praktischen und manchmal auch materiell orientierten Stierseite. Es geht bei Ihnen darum, beide Seiten zu ihrem Recht kommen zu lassen und sie in Harmonie zu verbinden.

Wichtig für Sie: Wo steht Venus? Siehe das Kapitel »Das Venushoroskop – Ihre Liebesfähigkeit«!

Aszendent ZWILLINGE

Vorteile Gewandt, beredt, vielfältig, kommunikativ
Nachteile Zerstreut, unsicher
Aszendentenherrscher Merkur

Lässig wie die Rose am Revers tummeln Sie sich durchs Leben, welches ihnen, solange Sie in guter Verfassung sind, nie eintönig grau, sondern bunt und vielfältig wie der Blick durch ein Kaleidoskop erscheint. Sie beherrschen oft mehrere Sprachen, bestimmt aber einige Dialekte, und könnten ohne weiteres in völlig unterschiedlichen Branchen arbeiten oder das Management führen. Je unterschiedlicher die Aufgaben sind, die man Ihnen stellt, um so besser werden Sie. Am bemerkenswertesten sind Ihr Redetalent und Ihre Fähigkeit, Kontakte zu schließen. Aber Sie wollen das Leben in allen Nuancen auskosten, sind ungeheuer neugierig und möchten möglichst viele Menschen kennenlernen, und dafür muß man eben reden, reden, reden ...
Dogmen, starre Regeln, die Zehn Gebote oder der »Bart des Propheten« lassen Ihnen einen Schauer über den Rücken laufen. Denn Ihrer tiefsten Überzeugung nach hält sich das Leben auch nicht an feste Vorgaben und überkommene Vorstellungen, sondern gleicht eher einer schillernden Seifenblase, einem Glasperlenspiel oder einer Komödie mit ständig wechselnden Rollen.
Es gibt allerdings auch noch eine andere Seite bei Ihnen, der Sie weit weniger Aufmerksamkeit schenken, eine tiefe, hinterfragende, bohrende, verurteilende. Sie spielt Ihren Schatten, dämpft zuweilen Ihren Esprit, zieht Sie sogar manchmal völlig in den Keller.
Freiheit und Unabhängigkeit stehen in Ihrer persönlichen Werteskala an der Spitze, weshalb Sie auch regelmäßig Probleme in festen Beziehungen bekommen.

Aszendenten-Check
Wie ergänzen sich Sonne und Aszendent? Ihr Sonnenzeichen Waage und Ihr Aszendentenzeichen Zwillinge passen beinahe *zu gut* zusammen. Ihr Einfallsreichtum wird nämlich so groß, daß Sie gelegentlich vorsichtig sein müssen, damit Sie sich nicht verlieren.

Aszendent KREBS

Vorteile Gefühlvoll, häuslich, sensibel, fürsorglich
Nachteile Launisch, abhängig
Aszendentenherrscher Mond

Sie sind ein bißchen rätselhaft und verlieren sich am liebsten in Ihrer eigenen oder anderer Leute Psyche. »Seelentaucher« könnte man Sie nennen ... Das Leibliche kommt deswegen aber noch lange nicht zu kurz. Sie sind ein Meister der Küche und würden sich, wenn Sie es drauf anlegten, allemal jede Menge »Kochlöffel« oder »-mützen« verdienen. Aber Sie sind auch scheu. Sie drängen nicht ins Rampenlicht. Über Ihre göttlichen Talente im Bett kann man nur munkeln. Wie kaum jemand anderes können Sie kindlich-ausgelassen albern sein. Aber Sie haben auch Ihre Launen. Wer die verstehen will, studiere zuerst Freuds Psychoanalyse, dann Dantes *Göttliche Komödie* und zum Schluß die hohe Kunst der Zen-Meditation.
In guten Zeiten sind Sie nämlich fröhlich, mit glänzenden Augen, extravertiert. Zwei Tage später vielleicht sind Sie wie verwandelt, stumm, scheu, abwesend, in sich gekehrt und zu wie eine Auster! Rätselhaft! Ein Mensch mit zwei Gesichtern! Und das alles, weil Sie wie kein anderes Tierkreiszeichen vom Mond abhängig sind. Beobachten Sie es einmal: Wird seine Sichel größer, wächst auch Ihr Selbstbewußtsein. Zieht sich der Mond zurück, leidet Ihr Nervenkostüm, die Empfindsamkeit wächst, und aus Angst, sich zu verletzen, ziehen Sie sich hinter Ihren Krebspanzer zurück.

Aszendenten-Check
Wie ergänzen sich Sonne und Aszendent? Ihr Sonnenzeichen Waage und Ihr Aszendentenzeichen sind ausgesprochen konträr. Denn Sie haben sowohl eine besonders starke intellektuelle Veranlagung als auch ein intensives Gefühlsleben. Ihre Aufgabe in diesem Leben ist, die beiden

Seiten miteinander in harmonischer Weise zu verbinden, das heißt, keine Seite zu negieren, aber auch keine zu stark zu betonen.

Wichtig für Sie: Wo steht der Mond? Siehe das Kapitel »Das Mondhoroskop – Ihre Gefühle«!

Aszendent LÖWE

Vorteile Selbstbewußt, großzügig, herzlich, schöpferisch
Nachteile Stolz, träge
Aszendentenherrscher Sonne

Sie sind ein ganz besonderer Mensch. Sie gehen, sprechen, lächeln anders – nie unscheinbar, sondern immer mit Ausdruck. Ihr Geschmack ist untrüglich, und weil Sie nur das Echte und Ursprüngliche lieben, ist Ihr Leben ziemlich anspruchsvoll und teuer. Dazu kommt eine ungeheure Vitalität (ja, Sie können auch stinkfaul sein, aber das steht auf einem anderen Blatt).
Zurückhaltung, Bescheidenheit und Schamgefühl kommen in Ihrem Repertoire kaum vor. Sie sagen, was Sie denken, und tun, was Sie wollen – und damit basta! Kein Wunder, daß die anderen den Atem anhalten und Sie offen oder heimlich bewundern.
Gibt es allerdings Spannungen und Widersprüche, geben Sie rasch auf. Sie müssen in solchen Situationen verstehen, daß andere einen gewissen Respekt vor Ihnen haben: Sie werden es nicht so leicht wagen, Ihnen mit Forderungen oder gar Kritik zu nahe zu treten. Denn viele haben den Eindruck, daß Sie bei allem Humor und Großmut doch ziemlich abweisend sein können. Halten Sie darauf Ihr Augenmerk, machen Sie es anderen leichter, an Sie heranzukommen, damit Sie sich nicht – völlig unabsichtlich – selbst isolieren.
Wen Sie lieben, schließen Sie voll in Ihr Herz, aber sich einem Menschen zu unterwerfen empfinden Sie als Selbstaufgabe und Demütigung.

Aszendenten-Check
Wie ergänzen sich Sonne und Aszendent? Ihr Sonnenzeichen Waage und Ihr Aszendentenzeichen Löwe ergänzen sich großartig. Sie werden immer Menschen finden, die Ihnen weiterhelfen. Umgekehrt sind Sie direkt dafür geboren, in einem Team der natürliche Anführer zu sein.

Die Sonne ist die wichtigste Kraft in einem Horoskop

Hierarchien sind Ihnen allerdings unangenehm, und auch wenn Sie selbst eine leitende Position innehaben, suchen Sie das Miteinander und kein Übereinander.

Aszendent JUNGFRAU

Vorteile Zuverlässig, ehrlich, sachlich, beschwingt
Nachteile Pessimistisch, kritisch
Aszendentenherrscher Merkur

Geistig fit und jung zu bleiben ist Ihnen sehr wichtig ... genauso wichtig wie ein ordentlicher Gefühlshaushalt. Von Verdrängungen und unausgesprochenen Emotionen halten Sie nämlich nichts – Sie wollen sich mit Ihren Gefühlen auseinandersetzen, darüber reden, um sich ein reines, unbeschwertes Wesen zu erhalten. Sie wissen, Sie schlafen dann besser. So lernen Sie von Kind auf, Ihre Wünsche allmählich in den Griff zu kriegen, wenn nötig, aufzuschieben, bis die Gelegenheit günstiger ist. Oder Sie streichen sie nach dem Motto »Was ich nicht weiß, macht mich nicht heiß« ganz von Ihrer Liste: eine äußerst pragmatische Einstellung.
Diese Vernunft, gepaart mit einer gewissen Nüchternheit, äußert sich auch bei anderen Gelegenheiten: In der Liebe zum Beispiel lodern die Flammen der Leidenschaft zwar durchaus heftig, aber Sie suchen auch ruhigere Freuden wie Freundschaft, Zuneigung, Zärtlichkeit, Fürsorge und Treue.
Anderen gegenüber sind Sie sehr kritisch. Als Entschuldigung läßt sich nur anführen, daß Sie mit sich selbst noch härter umspringen.

Aszendenten-Check
Wie ergänzen sich Sonne und Aszendent? Ihr Sonnenzeichen Waage und Ihr Aszendentenzeichen Jungfrau ergänzen sich nicht automatisch. Sie stellen nämlich unterschiedliche Ansprüche an sich, sind einerseits dem luftigen Element Waage verpflichtet, das heißt lieben das Schöne, Geistige und vom Zwang des Alltags Befreite, andererseits sind Sie ein praktischer Mensch, der seine Bestätigung im Konkret-Materiellen findet. Ein anderes Problem ist Ihre Neigung, der Gefühlswelt einen geringeren Rang im Vergleich zur Verstandeswelt einzuräumen. Lernen Sie hier von Menschen, die sehr gefühlvoll sind.

Aszendent WAAGE

Vorteile Anmutig, charmant, stilvoll, neutral
Nachteile Abhängig, unecht
Aszendentenherrscher Venus

Sie haben eine doppelte Waagenatur, weil Sie sowohl vom Sonnen- als auch vom Aszendentenzeichen her Waage »sind«. Nun kommt es allerdings ganz darauf an, ob Sie vor oder nach dem Sonnenaufgang geboren wurden. Diese Unterscheidung ist in der Astrologie äußerst wichtig. Sie sollten sich daher ein sogenanntes Radixhoroskop erstellen lassen (siehe die Info am Ende dieses Buches), denn anhand eines solchen Geburtshoroskops läßt sich diese wichtige Frage entscheiden. Vielleicht finden Sie es aber auch beim weiteren Lesen heraus.
Wurden Sie vor oder genau bei Sonnenaufgang geboren, steht Ihre Sonne im ersten Haus. Dann sind Sie ein ungeheuer lebendiger, aktiver, wortgewandter Mensch, der gern Führungsaufgaben übernimmt. Für Sie trifft all das, was über Waagegeborene im ersten Teil des Buches geschrieben wurde, in besonderem Maße zu. Was Ihren Beruf anbelangt, sollten Sie unbedingt möglichst unabhängig arbeiten und danach streben, sich entweder selbständig zu machen oder in übergeordneter Position tätig zu sein.
Wurden Sie hingegen nach Sonnenaufgang geboren, sind Sie eher ein nachdenklicher, sensibler Mensch, der es nicht leicht hat, seine Waageeigenschaften zu leben. Sie verfügen dafür über besondere mentale und künstlerische Begabungen und sind Ihrer Zeit häufig voraus. Durch unkonventionelles und schöpferisches Denken können Sie neue (berufliche) Wege einschlagen. Wichtig ist, daß Sie Ihr soziales Verantwortungsgefühl entwickeln, denn Sie sind ein Mensch, den es nicht glücklich macht, wenn er nur an sich selbst denkt: Sie haben anderen – der Gesellschaft als Ganzes – etwas zu geben.

Aszendenten-Check
Wie ergänzen sich Sonne und Aszendent? Sonnen- und Aszendentenzeichen sind gleich und verstärken sich gegenseitig.

Wichtig für Sie: Wo steht Venus? Siehe das Kapitel »Das Venushoroskop – Ihre Liebesfähigkeit«.

Aszendent SKORPION

Vorteile Furchtlos, unergründlich, energisch, leidenschaftlich
Nachteile Mißtrauisch, starr
Aszendentenherrscher Pluto

Nach außen hin pflegen Sie den Kult des geheimnisvollen Unbekannten: Keiner soll wissen, wie's in Ihrem Inneren aussieht. Sie selbst allerdings lesen in anderen wie in einem offenen Buch: Sie haben den Röntgenblick und einen »körpereigenen Lügendetektor« noch dazu. Gnadenlos decken Sie auf, wo immer mit gezinkten Karten gespielt wird, und legen, wenn's sein muß, den Finger genau in die offene Wunde. Stets sind Sie auf der Suche nach dem Echten und Wahren und weisen alles Künstliche und Oberflächliche kompromißlos ab.
Allerdings gibt es bekanntlich immer mehrere Wahrheiten – und hier beginnt das Problem: Sie neigen nämlich dazu, Ihre Meinung (oder diejenige, der Sie sich angeschlossen haben) zur alleinseligmachenden zu erklären. Sie müssen lernen, von einseitigen Vorstellungen loszukommen.
Ihr Lebensstil wird weniger von äußerlicher Bequemlichkeit geprägt als von Entschlossenheit und Konsequenz. Sie brauchen daher Herausforderungen. Es ist sogar so, daß Sie um so mehr leisten, je größer Ihre Aufgaben sind.

Aszendenten-Check

Wie ergänzen sich Sonne und Aszendent? Ihr Sonnen- und Ihr Aszendentenzeichen sind sehr verschieden, was zu Spannungen führt. Aber Probleme machen Ihnen nicht nur zu schaffen, sondern sie bringen Sie auch weiter – und das ist Ihnen um so wichtiger, je älter Sie werden. Am schwierigsten ist es, damit fertig zu werden, daß Sie sowohl eine tiefe Bindung wünschen als auch frei und unabhängig bleiben wollen.

Aszendent SCHÜTZE

Vorteile Optimistisch, aufgeschlossen, mitreißend, jovial
Nachteile Unrealistisch, leichtgläubig
Aszendentenherrscher Jupiter

Ihr Leben ist eine fortwährende Suche nach Abwechslung und Überraschung, Änderung und Verwandlung: Es gibt für Sie keine größere Horrorvorstellung als die Aussicht, daß alles so bleibt, wie es ist. Als Maßnahme gegen die Langeweile stürzen Sie sich ins Abenteuer, treiben exzessiven Sport, fahren schnelle Autos und verbringen Ihren Urlaub abseits jeder touristischen Trampelroute. Streß und Improvisation sind die Motoren, die Sie antreiben und zu Höchstleistungen trimmen. Karriere machen Sie daher bestimmt nicht dort, wo Routine das wichtigste ist.
Parallel zu draußen ist auch drinnen Action angesagt: Sie kennen die Macht der Phantasie und zaubern daraus wie aus einer magischen Wundertüte immer wieder etwas Neues, Buntes hervor.
Ihr Auftreten ist dynamisch. Ausstrahlung braucht der erfolgreiche Mensch, Faszination, Charisma, Sex-Appeal! Und Sie strotzen von alledem! Wer es sich grundlegend mit Ihnen verderben will, braucht nur die Unwahrheit zu sagen. Lügen verachten Sie. Man darf von Ihnen auch nicht erwarten, daß Sie Ihre aufrichtige Meinung verbergen. Sie sagen, was Sie denken, und verärgern damit oft andere.

Aszendenten-Check
Wie ergänzen sich Sonne und Aszendent? Sie haben beides, Inspiration und Liebe. Sie brauchen Ziele, die Sie begeistern, und Menschen, die Sie begeistern können. Ihren Hang zu Autoritätskonflikten müssen Sie einfach überwinden, wenn Sie die großen Aufgaben, die Sie sich vorgenommen haben, meistern wollen.

Wichtig für Sie: Wo steht Jupiter? Siehe das Kapitel »Das Jupiterhoroskop ...«!

Aszendent STEINBOCK

Vorteile Sachlich, objektiv, gerecht, zäh
Nachteile Hart, kalt
Aszendentenherrscher Saturn

Sie sind ein Mensch für den zweiten Blick, nicht besonders auffällig oder selbstbewußt, auch nicht unbedingt umwerfend charmant. Aber Sie sind entschlossen, zäh und willensstark. So wie die richtigen Steinböcke in den Bergen für ein Leben droben unterm Gipfel geschaffen sind, gehören auch Sie hinauf – und werden dort eines Tages landen. Auf jeden Fall haben Sie die richtigen Voraussetzungen für einen Gipfelsturm: Sie sind genügsam, zäh und ausdauernd.
Ihre berufliche Ausgangslage ist also bestens. Sie sind dafür prädestiniert, Verantwortung zu übernehmen, andere zu führen und ihnen ein Vorbild zu sein. Weil Sie die Dinge »von oben herab« betrachten, vertreten Sie ein übergeordnetes Prinzip, das Sie zum Wohle aller einzusetzen in der Lage sind. In der Organisation und Verwaltung leisten Sie Hervorragendes.
Doch alles hat seinen Preis. Weil Sie für einen harten Lebenskampf gerüstet sind, ist Ihr Gefühlsleben entsprechend spärlich. Sie haben in aller Regel schon früh erfahren, daß das mit den Gefühlen so eine Sache ist, daß sie verletzlich und hilflos machen ... Also besser, man zeigt sie nicht. Daraus wurde mit der Zeit eine Gewohnheit.

Aszendenten-Check
Wie ergänzen sich Sonne und Aszendent? Ihr Sonnenzeichen Waage und Ihr Aszendentenzeichen Steinbock verkörpern völlig entgegengesetzte Kräfte. Infolge Ihres Waagenaturells suchen Sie Kontakt, Leichtigkeit und die Muse. Ihre Steinbockveranlagung setzt Sie jedoch unter Druck, vorsichtig, kritisch und distanziert vorzugehen. Dieser Widerspruch kann dazu führen, daß Sie sich und anderen gegenüber sehr hart sind, was Schwächen und Fehler betrifft. Im Lauf Ihres Lebens wird aus dem »Entweder-Oder« allerdings ein »Und« bzw. ein »Sowohl-als-auch«. Sie werden das Kunststück vollbringen, Leichtigkeit und Schwere, Muse und Alltag miteinander zu verbinden.

Aszendent WASSERMANN

Vorteile Human, frei, unkonventionell, erfinderisch
Nachteile Abgehoben, nervös
Aszendentenherrscher Uranus

Sie haben die richtige Mischung aus kühler Vernunft, exzentrischen Angewohnheiten und schöpferischer Phantasie. Virtuos beherrschen Sie die feinsten gesellschaftlichen Umgangsformen und verachten dennoch jede Regel. Ihr bestbehütetes Gut ist Ihre Unabhängigkeit. Um sie zu retten, opfern Sie auch mal eine sichere, aber sterbenslangweilige Karriere als Beamter oder Angestellter im öffentlichen Dienst. Routine, Arbeit nach Vorschrift und Vorgesetzte, die Ihnen wie Geier aufs Aas auf die Finger starren, bedeuten das Aus für Ihr sprühendes Temperament.

Ihr Charakter zeigt eine gewisse Ähnlichkeit mit »Luft«. So sind Sie vom Wesen her sehr transparent und offenbaren sich leicht anderen Menschen. Und Sie lassen sich auch nur schwer greifen und begreifen und lösen sich wie Luft auf, wenn man Sie einmal wirklich packen möchte. Gefühle und Leidenschaften sind Ihnen vertraut. Aber diese berühren Sie niemals heftig und tief. Daher erfreuen Sie sich auch im Regelfall einer inneren Harmonie und Gelassenheit. Ihr Temperament ist eher fröhlich, heiter – sanguinisch.

Aszendenten-Check

Wie ergänzen sich Sonne und Aszendent? Ihr Sonnenzeichen Waage und Ihr Aszendentenzeichen Wassermann sind bestens aufeinander eingestimmt und verschaffen Ihnen kreative Höhenflüge. Am Bodenkontakt mangelt es zuweilen. Mißtrauen Sie Menschen, die Sie bremsen. Aber suchen und achten Sie solche, die Ihnen dabei helfen können, Ihren Träumen Hand und Fuß zu verschaffen!

Aszendent FISCHE

Vorteile Geheimnisvoll, intuitiv, sensibel, verständnisvoll
Nachteile Unsicher, unrealistisch
Aszendentenherrscher Neptun

Sie sind ein ewiges Rätsel! Naiv wie ein Kind, mysteriös wie eine Sphinx – mal messerscharf denkend, ja fast schon genial, dann wieder völlig abwesend, träumend, zerstreut, unfähig, die einfachsten Dinge auf die Reihe zu bringen. Gewöhnungsbedürftig für alle, die mit Ihnen leben, sind die Phasen, in denen Sie im Chaos versinken, sich gehenlassen und vernachlässigen.
Am erstaunlichsten ist Ihre Intuition – Ihre fast schon übersinnlichen Fähigkeiten: als könnten Sie Gedanken lesen, in die Zukunft blicken und hellsehen. Als Frau sind Sie noch eine Spur mysteriöser, obwohl Sie als Mann natürlich ebenfalls diesen »Faktor X« besitzen, ihn aber lieber vor der Öffentlichkeit verbergen. Auf der anderen Seite lassen Sie auch kaum ein Fettnäpfchen aus: Wenn's darum geht, sich so richtig schön danebenzubenehmen, kann Ihnen keiner das Wasser reichen! Auch das ist ein Grund, warum Sie sich oft so einsam und unverstanden fühlen: »Keiner liebt mich, keiner versteht mich ...« – ist das nicht Ihr Lieblingsvorwurf gegenüber dem Rest der Welt? Irgendwann werden Sie verstehen, warum Sie häufig allein sind: weil Sie so am glücklichsten sind! Das heißt jetzt nicht, daß Sie ins Kloster oder ins Himalajagebirge gehören. Im Gegenteil! Sie sind eine derartig schillernde und reizende Person, daß es nichts Schöneres gibt, als mit Ihnen den ewigen Reigen der Wassernymphen und Faune zu tanzen: locken, sich fangen lassen, entkommen, lachen und davonlaufen ...

Aszendenten-Check
Wie ergänzen sich Sonne und Aszendent? Diese Mischung macht Sie widersprüchlich, denn Sie wollen beides: allein sein und viel sozialen Kontakt haben.

Das Mondhoroskop –
IHRE GEFÜHLE

Im folgenden Kapitel geht es darum, in welchem Zeichen der Mond zum Zeitpunkt Ihrer Geburt stand. Denn der Mond ist in der Astrologie neben der Sonne das bedeutsamste Gestirn.

Mondzeichen

Der Mond

»Au clair de la lune,
mon ami Pierrot,
prête-moi ta plume,
pour écrire un mot.
Ma chandelle est morte,
je n'ai plus de feu.
Ouvre-moi ta porte
pour l'amour de Dieu.«

Im Schein des Mondes,
mein Freund Pierrot,
leih mir deine Feder,
um ein Wort zu schreiben.
Meine Kerze ist aus,
ich habe kein Feuer mehr.
Öffne mir deine Türe
um der Liebe Gottes willen.

Französisches Volkslied

In einem Schöpfungsmythos heißt es, der Mond sei ein Kind der Erde. Ein anderer beschreibt ihn als Teil unseres Planeten, den dieser aus sich herausgerissen und in den Himmel geschleudert habe, um damit Raum für das Wasser der großen Ozeane zu schaffen: Und dieses Wasser brachte der Erde Fruchtbarkeit. Zu letzterer Geschichte würde passen, daß das Volumen des Mondes, großzügig bemessen, etwa so groß ist wie der Raum, den alle Meere zusammen einnehmen. Doch schon die frühesten Analysen von Mondgestein ergaben, daß Mond und Erde wegen des signifikanten Unterschieds der Beschaffenheit eine andere Entstehungsgeschichte haben müssen.
In allen Mythen, Geschichten und Erzählungen über den Mond wird er als weiblich, die Sonne hingegen als männlich gesehen. In den romanischen Sprachen setzt sich diese Tradition im grammatischen Geschlecht fort: So heißen Mond und Sonne beispielsweise im Italienischen *la luna* und *il sole* und im Französischen *la lune* und *le soleil.*
Von einem Vollmond bis zum nächsten verstreichen 28 Tage. Genauso lange dauert der Zyklus einer Frau. Schon dadurch ist die Beziehung zwischen Weiblichkeit und Mond überdeutlich: Die Sonne wird mit dem Männlichen assoziiert, der Mond mit dem Weiblichen.

Sonne	**Mond**
männlich	weiblich
Vater	Mutter
direkt	indirekt
ausstrahlend	empfangend
Verstand	Gefühl
aktiv	passiv
bestimmend	sorgend
logisch	intuitiv

Auch in der Astrologie verkörpert die Sonne zunächst einmal den Mann und der Mond die Frau. Die Frau ist ihrem Mond näher als ihrer Sonne.
Nehmen wir als Beispiel eine Dame mit der Sonne im Widder (also dem Tierkreiszeichen Widder) und dem Mond im Krebs. Sie wird sich nicht richtig verstanden fühlen, wenn sie in einem Astrologiebuch über ihr Tierkreiszeichen Widder liest, sie sei dynamisch, rücksichtslos, spontan, selbstsicher. Erfährt sie jedoch dann, was über den Mond im Krebs geschrieben steht – gefühlvoll, häuslich, anhänglich, fürsorglich –, wird sie sich sofort wiedererkennen. Mit anderen Worten, eine Frau müßte eigentlich bei ihrem Mondzeichen nachlesen und nicht bei ihrem Sonnen- bzw. Tierkreiszeichen. Die gängige Astrologie ist offenbar stark am Mann orientiert: Ein Sonnen- oder Tierkreiszeichen-Horoskop findet man beinahe in jeder Zeitung, das Mondzeichen-Horoskop hingegen in kaum einer einzigen – was aber natürlich auch daran liegen dürfte, daß das Mondzeichen für den Leser schwieriger als das Sonnenzeichen zu ermitteln ist.
Je eher eine Frau jedoch ihre traditionelle Rolle verändert, nicht mehr nur Mutter und Hausfrau ist, sondern »ihren Mann steht«, um so mehr wird sie auch ihre Sonne leben. Allerdings wäre es jetzt wiederum völlig falsch, ihren Mond unberücksichtigt zu lassen.
Eine bewußte und emanzipierte Frau schöpft idealerweise aus Sonne und Mond: Führungsaufgaben, die von Männern in der Regel hierarchisch-gebieterisch gelöst werden, gehen Frauen meist anders an – sie lassen mehr Nähe (Mond) zu und können ihre Mitarbeiter dadurch viel besser motivieren. Auch bei Entscheidungen sind Frauen, die sowohl Logik (Sonne) als auch Intuition (Mond) zulassen können, Männern – wenn letztere sich denn nur »nach der Sonne richten« – um ein beträchtliches überlegen.
Sind bei einer Tätigkeit die dem Mond zugeschriebenen Eigenschaften beteiligt, fühlt man sich wohl, zu Hause, geborgen, mit sich stimmig. Darüber hinaus gibt es viele Bereiche, in denen mit Gefühl, Intuition, Geschmack, Ahnung, Atmosphäre und Stimmigkeit besser und erfolgreicher gearbeitet werden kann. Man denke nur an Kunst, Politik und das Heilen. Aber auch in der Wirtschaft müssen immer wieder Entscheidungen getroffen werden, bei denen man nichts in der Hand hat als eben ein gutes bzw. ein schlechtes Gefühl.

DIE ERMITTLUNG DES MONDZEICHENS

Um »Ihren persönlichen Mond« zu finden, gehen Sie nach der folgenden Beschreibung vor:

A Entnehmen Sie Ihre Jahres-Monatszahl der *Tabelle 1*:

Jahr*	Sept.	Okt.	Jahr	Sept.	Okt.	Jahr	Sept.	Okt.
1920	318	50	1948	129	168	1976	253	291
1921	148	186	1949	269	305	1977	23	56
1922	284	318	1950	35	67	1978	145	178
1923	46	78	1951	157	192	1979	269	307
1924	185	222	1952	300	339	1980	65	102
1925	319	357	1953	81	116	1981	193	226
1926	95	128	1954	205	237	1982	315	348
1927	216	248	1955	328	357	1983	80	118
1928	356	34	1956	112	151	1984	236	273
1929	130	168	1957	252	287	1985	353	36
1930	265	298	1958	15	47	1986	125	159
1931	26	58	1959	126	173	1987	253	291
1932	167	205	1960	284	323	1988	42	84
1933	302	340	1961	32	97	1989	173	206
1934	76	108	1962	184	217	1990	295	328
1935	196	229	1963	308	343	1991	64	103
1936	237	15	1964	96	135	1992	219	254
1937	114	151	1965	233	267	1993	343	16
1938	246	278	1966	355	28	1994	105	139
1939	6	39	1967	118	157	1995	236	275
1940	148	188	1968	268	307	1996	29	64
1941	286	323	1969	43	76	1997	154	186
1942	55	88	1970	165	198	1998	275	309
1943	176	210	1971	288	324	1999	49	88
1944	318	357	1972	81	119	2000	199	234
1945	97	134	1973	213	246	2001	324	356
1946	225	257	1974	325	8	2002	84	120
1947	347	22	1975	98	137	2003	222	260

B Entnehmen Sie Ihre Tageszahl aus *Tabelle 2*:

Tag	Zahl	Tag	Zahl	Tag	Zahl
1.	0	11.	132	21.	265
2.	13	12.	145	22.	278
3.	26	13.	159	23.	291
4.	40	14.	172	24.	304
5.	53	15.	185	25.	317
6.	66	16.	199	26.	331
7.	79	17.	212	27.	344
8.	92	18.	225	28.	357
9.	105	19.	238	29.	11
10.	119	20.	252	30.	24
				31.	37

C Entnehmen Sie die Stundenzahl aus *Tabelle 3*:

Geboren um	Punkte	Geboren um	Punkte
0–2 Uhr	–6	12–14 Uhr	+1
2–4 Uhr	–5	14–16 Uhr	+2
4–6 Uhr	–4	16–18 Uhr	+3
6–8 Uhr	–3	18–20 Uhr	+4
8–10 Uhr	–2	20–22 Uhr	+5
10–12 Uhr	–1	22–24 Uhr	+6

Ohne Geburtszeit beträgt die Stundenzahl 0.

* Sämtliche Planetentabellen beginnen mit dem Jahr 1920. Das bedeutet jedoch in gar keiner Weise, daß ältere Leser nicht angesprochen werden sollten. Aber irgendwo muß einfach ein Schnitt gezogen werden. Älteren Lesern wird empfohlen, sich ihre Planetenpositionen anhand eines Geburtshoroskops berechnen zu lassen (siehe Info am Ende dieses Buches).

Beispiel: Geburtstag am 18. Oktober 1946, -zeit 1.00 Uhr:

A	Jahres-Monatszahl		257
B	Tageszahl		225
C	Stundenzahl		6
	Summe		476
	wenn über	360 (–360)	360
	Summe total		**116**

Das Mondzeichen lautet Krebs/Löwe. Für dieses Beispiel kommen also die Texte »Mond im Krebs« und »Mond im Löwen« in Frage. Ergibt sich wie hier ein doppeltes Mondzeichen, können beide Textabschnitte richtig sein.

Hier können Sie Ihren persönlichen Mond bestimmen:

A	Jahres-Monatszahl		193
B	Tageszahl		317
C	Stundenzahl		- 2
	Summe		508
	wenn über	360 (–360)	360
	Summe total		148

Die Auswertung:

Total	Mond im Zeichen
9–20	Widder
21–38	Widder/Stier
39–50	Stier
51–68	Stier/Zwillinge
69–80	Zwillinge
81–98	Zwillinge/Krebs
99–110	Krebs
111–128	Krebs/Löwe
129–140	Löwe
141–158	Löwe/Jungfrau
159–170	Jungfrau
171–188	Jungfrau/Waage
189–200	Waage
201–218	Waage/Skorpion
219–230	Skorpion
234–248	Skorpion/Schütze
249–260	Schütze
261–278	Schütze/Steinbock
279–290	Steinbock
291–308	Steinbock/Wasserm.
309–320	Wassermann
321–338	Wassermann/Fische
339–350	Fische
351–8	Fische/Widder

Ihr persönliches Mondzeichen lautet Löwe/Jungfrau

DIE MONDZEICHEN DER WAAGEN

Wenn Sie Ihr Mondzeichen herausgefunden haben, können Sie nun ähnlich wie beim Aszendenten im folgenden etwas darüber erfahren, was es über Ihre Persönlichkeit aussagt (siehe auch die Vorbemerkung am Beginn von Teil II dieses Buches). Haben Sie ein doppeltes Zeichen ermittelt, lesen Sie wieder am besten nach, was über beide Zeichen geschrieben steht – Sie erkennen dann wie gesagt sicher schon, welches das zutreffendere ist. Im Zweifelsfall können Sie sich aber auch ein genaues Horoskop errechnen lassen (siehe Info am Ende des Buches).

Mond im Widder – FEURIG

Mondstärken Gern etwas unternehmen. Direktheit, Selbständigkeit, Ichhaftigkeit. Suche nach eigenständiger Wirksphäre. Intensives Phantasieleben. Musikalische oder bildnerische Begabung. Unkonventionelle berufliche Wege einschlagen. Ideenträger sein. Erspüren von Macht
Mondschwächen Aggressivität. Spannung

Sie sind ein außergewöhnlich reizender Mensch, wirken jung, unschuldig, unkompliziert, und ein entwaffnender Charme nimmt Ihrem Angriff jeden Stachel. Sie äußern sich sofort, wenn Ihnen etwas nicht paßt. Diplomatie zählt nicht zu Ihren Stärken. Sie geben sich unverstellt und haben Ihr Herz am rechten Fleck. Sie können aber auch, und das erstaunt bei Ihnen, sehr empfindlich sein. Versucht man, Ihre Angriffe zu parieren, reagieren Sie mit so großer Betroffenheit, daß man seine eigene Rage schnell wieder vergißt. Am schlechtesten ertragen Sie, wenn Sie übersehen werden: Ohne Erfolgserlebnisse wandeln Sie sich trotz Ihres feurigen Widdermonds in ein Lamm, das resigniert auf bessere Zeiten wartet.

Ihre Liebesfähigkeit: Wer Sie liebt, lebt im siebten Himmel oder in der zehnten Hölle. Andere Varianten des Daseins gibt es für Sie kaum. Mit Ihnen kann man reisen, jeden Sport treiben und jederzeit ein gemeinsames Geschäft eröffnen. Eine Person, die zu Hause geduldig auf ihren Allerliebsten wartet, sind Sie aber gewiß nicht.

Mond-Check
Wie weiblich macht mich mein Mond? Nicht besonders stark. Widder ist ein sehr männliches Zeichen.
Wie mütterlich macht mich mein Mond? Sie sind der Typ »Kumpel zum Pferdestehlen«, aber kein ausgeprägter Muttertyp.
Wie gefühlvoll macht mich mein Mond? Sie sind sehr feurig.
Aber das bedeutet nicht, daß Sie besonders gefühlvoll sind.
Wie intuitiv macht mich mein Mond? Sie haben starke Ahnungen und Wahrträume.

Eine besondere Mondphase beim Mond im Widder: Vollmond
Sie sind in der Vollmondphase (zwei Tage vor bis zwei Tage nach dem Vollmond) geboren und damit ein besonderer Mensch. Denn Sie tragen in sich die lebendige Spannung zwischen Mann und Frau am deutlichsten. Das führt zu einem reichen und faszinierenden Beziehungsleben. Es kann aber auch große Konflikte für Partnerschaft und Liebe bringen.

Schau, der goldene Mond dort:
Er ißt Pomeranzen,
Schalen, die er fortwirft,
auf dem Wasser tanzen.

Spanischer Kinderreim

Mond im Stier – ERDIG

Mondstärken Gern leben und genießen. Gefestigtes Gefühlsleben. Naturliebe. Musikalität (besonders Gesang). Sammelleidenschaft. Gutmütigkeit. Häuslichkeit. Geschmack. Praktische Begabung. Fühlen, was Sache ist. »Geld riechen«
Mondschwächen Antriebsarmut. Materialismus

Sie stehen mit beiden Füßen fest auf Mutter Erde, aber nur dort, wo etwas gedeiht. Sie handeln und denken praktisch und verlieren nie den finanziellen Aspekt aus den Augen. Über Geldmangel brauchen Sie jedenfalls nicht zu klagen. Denn wer den Mond im Stier hat, den beschenken auch die Sterne. Zudem sind Sie eine äußerst sinnliche Person. Und mit diesem Potential glänzen Sie nicht nur in der Liebe. Sie können beispielsweise phantastisch kochen.

Ihre Liebesfähigkeit: Eine hervorstechende Eigenschaft ist Ihr Mut. Sie folgen einem Partner in die Antarktis oder heiraten einen Zirkusartisten. Ausgefallenes oder Skurriles weckt Ihr Interesse und nicht selten Ihre Leidenschaft. Sie suchen einen richtigen Partner, weil Sie wissen, daß Sie auch allein leben könnten. Im anderen Lager stehen Sie daher hoch im Kurs. Sie beschwören einerseits den Traum von himmlischer Liebe, entsprechen aber gleichzeitig dem Wunsch nach einem sehr bodenständigen, praktischen Partner. Im Umgang mit Ihnen zählt Respekt. Auf Achtlosigkeit reagieren Sie zunächst höflich, dann kalt, und schließlich schwören Sie Rache – und führen sie aus.

Mond-Check
Wie weiblich macht mich mein Mond? Sie sind sehr weiblich; beinahe so etwas wie der Inbegriff von Weiblichkeit (so Sie eine Frau sind).
Wie mütterlich macht mich mein Mond? Sie haben gern Kinder und Familie.
Wie gefühlvoll macht mich mein Mond? Sie besitzen ein sehr natürliches und selbstverständliches Gefühlsleben.
Wie intuitiv macht mich mein Mond? Sie sind allen Geschöpfen der Natur sehr nah und beziehen aus der Natur Kraft und Intuition.

Mond in den Zwillingen – HEITER

Mondstärken Gern reden und kontaktieren. Vielseitigkeit, Ausdrucksfähigkeit, Kontakt- und Kommunikationsfreude. Schriftstellerische Begabung. Leichten Zugang zum Seelischen. Andere Menschen intuitiv erfassen. Sich gut darstellen können. Andere überzeugen können

Mondschwächen Oberflächlichkeit. Manipulation. Enttäuschungen

Mit Ihrem Zwillingemond sind Sie ein heiterer, fröhlicher Mensch, der sein Gefühlsleben prima im Griff hat. Besondere Talente besitzen Sie darin, andere zu unterhalten und zwischen Menschen zu vermitteln. Sie werden daher gern von solchen aufgesucht, die allein sind. Über Ihre Gefühle zu reden macht Ihnen keinerlei Probleme. Mit Unausgesprochenem, Erfühltem und Erahntem können Sie wenig anfangen. Das hilft Ihnen zwar, einen klaren Kopf zu bewahren. Aber es entgeht Ihnen auch etwas, nämlich die schöne Erfahrung, sich in Zusammenhänge eingebunden zu erleben, die den eigenen Verstand übersteigen. Sich einfach einmal von den Wogen der Gefühle mitreißen zu lassen und sich ihnen hinzugeben, das sollten Sie ausprobieren.

Ihre Liebesfähigkeit: Auch die Liebe nehmen Sie wie Ihr Leben: leicht und bunt und bar aller Ernsthaftigkeit. Einem Schmetterling gleich flattern Sie von einem Höhepunkt zum nächsten und, wenn sich die Gelegenheit ergibt, auch mal von einem Partner zum anderen. Ihre Unabhängigkeit ist Ihnen so wichtig, daß Sie lieber allein leben, als in einer engen Zweierbeziehung zu ertrinken (wie Sie es nennen). Sie brauchen Ihre Freiheit.

Mond-Check

Wie weiblich macht mich mein Mond? Das Zeichen Zwillinge ist ein männliches; entsprechend männlich sind auch Sie.

Wie mütterlich macht mich mein Mond? Sie sind absolut kein »Muttertyp«.

Wie gefühlvoll macht mich mein Mond? Sie haben schwer Zugang zu tiefen Gefühlen.

Wie intuitiv macht mich mein Mond? Sie sind sehr intuitiv und berühren leicht Seelisches.

Mond im Krebs – GEFÜHLVOLL

Mondstärken Gern für andere dasein. Die Umwelt atmosphärisch erfassen. Erlebnistiefe. Seelische Beeindruckbarkeit. Naturverbundenheit. Starke unbewußte Kräfte. Mütterlichkeit. Häuslichkeit. Starkes Innenleben. Einfühlungsgabe. Weibliche Logik. Telepathische Fähigkeiten

Mondschwächen Täuschungen. Sich im Unbegriffenen verstricken. Probleme durch gespannte Mutterbeziehung

Sie können scherzen wie ein übermütiges Kind und die Welt mit glänzenden Augen betrachten. Sie können aber auch stumm, scheu, in sich gekehrt, abwesend und wie von einem unsichtbaren Panzer umgeben erscheinen. Wer den Mond im Krebs hat, verändert sich mit dem Wandel dieses Trabanten. Wird seine Sichel schmäler, ziehen Sie sich zurück. Nähert er sich jedoch seiner vollen, strahlenden Gestalt, wächst auch Ihr Mut. Streß und Druck versetzen Sie in Panik. Sie erledigen dann zwar Ihre Arbeit, aber von Ihrer Genialität bleibt wenig übrig.

Ihre Liebesfähigkeit: Die Liebe beherrschen Sie am vollkommensten. Sie sind anschmiegsam und lieben das Behagliche und auch Beharrliche. Um der Liebe willen würden Sie selbst am Nordpol leben; und auch dort wird es dann fein und kuschelig. Natürlich hat soviel Hingabe ihren Preis: Menschen mit dem Mond im Krebs wollen ihren Partner ganz und immer. Kompromisse gibt es nicht.

Mond-Check

Wie weiblich macht mich mein Mond? Der Krebsmond macht Sie extrem weiblich.

Wie mütterlich macht mich mein Mond? Eigene Kinder und eine Familie, für die Sie sorgen können, gehören zum Wichtigsten in Ihrem Leben.

Wie gefühlvoll macht mich mein Mond? Sie haben ein sehr starkes Gefühlsleben.

Wie intuitiv macht mich mein Mond? Ihre Träume und Ihre Intuition haben große Tiefe. Sie verfügen außerdem über große heilerische Fähigkeiten.

Mond im Löwen – STOLZ

Mondstärken Sich gern darstellen. Selbstvertrauen haben. Verantwortung übernehmen können. Künstlerische Kreativität. Ausdruckskraft. Sich für Schwächere einsetzen. Gerechtigkeitsempfinden. Unternehmungsgeist und Risikofreude. Schauspielerische Talente. Andere positiv motivieren können. Repräsentieren können

Mondschwächen Autoritätsprobleme mit weiblichen Vorgesetzten. Anlage zu Theatralik und Cholerik

Sie zeichnen sich durch einen superben Geschmack und eine untrügliche Nase für das Echte aus, sind vital, schöpferisch, originell, und Sie besitzen ein Herz aus purem Gold. In gewisser Weise ähneln Sie ganz dem Löwen, dem König unter den Tieren; auch in Ihren Adern fließt freies, ja königliches Blut. Die Beziehung zum Feuerelement ist ausgesprochen stark. Feuer, Wärme, Sonne sind Ihr Lebenselixier. Sie müssen daher immer wieder in den Süden, um Hitze aufzutanken.

Ihre Liebesfähigkeit: Wer mit Ihnen lebt, muß über ein Thema erhaben sein: Gleichberechtigung. Eine Frau oder ein Mann mit dem Mond im Löwen führen an und bestimmen den Ton. Dafür besitzt man in Ihnen einen Schatz, eine lächelnde Sonne, einen Menschen, der auf der angenehmen und erfolgreichen Seite des Lebens geht. Da muß Ihr Partner schon diesen Einsatz bringen ...

Mond-Check

Wie weiblich macht mich mein Mond? Löwemond-Menschen sind feurig und stark.

Wie mütterlich macht mich mein Mond? Sie spielen gern Mutter und verwöhnen andere.

Wie gefühlvoll macht mich mein Mond? Sie haben spontane, feurige Gefühle, verlieren sie aber auch schnell wieder.

Wie intuitiv macht mich mein Mond? Licht und Wärme nährt Ihre Intuition und führt zu großer Kreativität und Schöpferkraft.

Mond in der Jungfrau – FRÖHLICH

Mondstärken Gern organisieren, ordnen, ausführen.
Fähigkeit zu gewissenhafter Prüfung. Hochentwickelter Sozialgedanke. Gespür für alle Bereiche, die mit Gesundheit zu tun haben. Zugang zu geheimem Wissen.
Feines Gespür. Pflichtgefühl. Konzentrationsfähigkeit.
Bewußtsein für Ernährung
Mondschwächen Ungelebte Emotionen manifestieren sich als psychosomatische Störungen

Sie sind äußerst anpassungsfähig. Sie stellen sich nur ungern gegen den Wind, »floaten« lieber und richten sich wie ein leichter Segler nach sanften Brisen. Sie drängeln auch nicht nach vorn. Bescheidenheit gehört zu Ihrem Naturell, und gegen jede Art von Hochstapelei sind Sie richtiggehend allergisch.

Ihre Liebesfähigkeit: Sie haben ein ausgesprochen fröhliches Naturell und trachten danach, Ihr eigenes Leben und das Ihres Partners so angenehm wie möglich zu gestalten. Aus allem das Beste zu machen, darin sind Sie sogar ein unübertroffener Meister. Ihre eigene Stimmung ist oft abhängig von der Ihres Partners. Fühlt er sich glücklich, sind Sie es auch. Was Ihre Treue anbelangt, sind Sie das Spiegelbild Ihres Partners: Was er sich leistet, leisten Sie sich auch. Selten brechen Sie als erste(r) aus. Geschieht es dennoch, ist das garantiert ein Zeichen dafür, daß der Energiefluß zwischen Ihnen und Ihrem Partner nicht mehr stimmt.

Mond-Check

Wie weiblich macht mich mein Mond? Eher mädchenhaft als weiblich (und burschikos beim Mann). Jungfrau ist ein weibliches Zeichen, und entsprechend weiblich sind Sie auch selbst.
Wie mütterlich macht mich mein Mond? Sie können die Aufgaben einer Mutter erfüllen, fühlen sich aber eher zu etwas anderem berufen.
Wie gefühlvoll macht mich mein Mond? Gefühlen gegenüber sind Sie eher mißtrauisch.
Wie intuitiv macht mich mein Mond? Die Natur ist Ihre große Lehrmeisterin. Sie können durch Wissen und Ihre heilenden Gaben ein Segen für andere Menschen werden.

Frau Mond schenkt Geborgenheit, Fruchtbarkeit und Intuition

Mond in der Waage – VERLIEBT

Mondstärken Andere spüren können. Gern unter Leuten sein. Kontaktfreude. Sinn für Ästhetik, Kunst, Schönheit. Verbindend und ausgleichend sein. Gerechtigkeitsliebe
Mondschwächen Sich schlecht entscheiden können. Allein unsicher sein. Antriebsarmut. Überempfindlichkeit

In Ihrer gefühlsmäßigen Stimmung richten Sie sich stark nach der Zuneigung und Sympathie Ihrer Mitmenschen. Ihr großes Bedürfnis nach Harmonie und Ihr Widerwille gegen Streit und Konfrontation kann Sie allerdings dazu verleiten, bestehende Differenzen der äußeren Form zuliebe nicht wahrhaben zu wollen. Das Aushalten und Akzeptieren von derartigen Ecken und Kanten im Leben bringt Sie einer ganzheitlichen Lebenserfahrung näher. Menschen, die selber nicht so ausgeprägt beziehungsorientiert sind, fühlen sich von Ihnen oft angezogen. Nach außen hin wirken Sie stark. Kennt man Sie aber näher, entdeckt man eine sensible Seele, Kinderträume und eine starke Suche nach Harmonie. Sie sind für die hübsche Seite des Lebens geboren. Mit der täglichen Routine hingegen haben Sie Ihre liebe Not.

Ihre Liebesfähigkeit: Sie sind der hingebungsvollste, einfühlsamste, zarteste, bezauberndste Mensch. Trotzdem zweifeln Sie immer zuerst an sich selbst, wenn Disharmonie aufkommt, und geben sich die Schuld an einer gescheiterten Beziehung. Hier sollten Sie lernen, sich stärker abzugrenzen und ruhig etwas egoistischer zu denken.

Mond-Check
Wie weiblich macht mich mein Mond? Er macht Sie zärtlich, einfühlsam und weiblich, aber nicht besonders weiblich.
Wie mütterlich macht mich mein Mond? Sie können sich Kindern gegenüber schlecht durchsetzen.
Wie gefühlvoll macht mich mein Mond? Sie mögen Stimmungen, haben aber Probleme mit starken Emotionen.
Wie intuitiv macht mich mein Mond? Sie sind sehr sensibel und ungeheuer phantasievoll.

Eine besondere Mondphase beim Mond in der Waage: Neumond

Sie sind in der Neumondphase (zwei Tage vor bis zwei Tage nach Neumond) geboren. Sie sind damit ein besonderer Mensch. Denn in Ihnen ist eine große Sehnsucht nach inniger Nähe zu geliebten Menschen, die Sie in einer erfüllten Partnerschaft zu verwirklichen versuchen.

Füllest wieder Busch und Tal
Still mit Nebelglanz,
Lösest endlich auch einmal
Meine Seele ganz.

Johann Wolfgang von Goethe

Mond im Skorpion – LEIDENSCHAFTLICH

Mondstärken Hinterfragen und aufdecken.
Im Krisenfall stark werden. Verantwortung übernehmen.
Okkulte, hellseherische, magische Fähigkeiten.
Mit suggestiver Ausstrahlung andere beeindrucken
Mondschwächen Ungelöste Familienproblematiken.
Von der Mutter nicht loskommen. Subtile Herrschsucht

Im Umgang mit Ihren Mitmenschen legen Sie oft eine gewisse Heftigkeit und Unberechenbarkeit an den Tag. Es ist daher für viele nicht leicht, die Motive Ihrer Handlungen nachzuvollziehen. So schwanken manche zwischen Bewunderung und Ablehnung. Man spürt, daß man sich auf große Intensität und Gefühlstiefe einläßt, wenn man eine Beziehung mit Ihnen eingeht. So ist Ihr Lebensstil weniger von äußerlicher Bequemlichkeit geprägt als von Entschlossenheit und Konsequenz.

Ihre Liebesfähigkeit: Ihr Seelenleben quillt über an Emotionen. Höchste Ekstase, teuflische Eifersucht, schmachtendes Sehnen, unüberbietbarer Sex, kosmische Vereinigung – es ist nahezu alles dabei. Darüber hinaus reagieren Sie allergisch auf jede Spur von Routine. Ein Leben mit Ihnen bleibt immer aufregend, und zugleich hat man einen Menschen an seiner Seite, der erst in Krisen richtig stark wird. Eines sollten Ihre Weggefährten noch beherzigen: Sie verzeihen alles, aber vergessen nichts. Wer daher grob Absprachen bricht, erhält, was ein Skorpion nur im äußersten Notfall produziert: martialisches Gift.

Mond-Check
Wie weiblich macht mich mein Mond? Sie besitzen große weibliche Kräfte.
Wie mütterlich macht mich mein Mond? Sie sind eine gute Mutter – auch als Mann.
Wie gefühlvoll macht mich mein Mond? Extrem gefühlvoll und leidenschaftlich.
Wie intuitiv macht mich mein Mond? Sie sind offen für magische Schwingungen und haben manchmal Visionen.

Mond im Schützen – UNABHÄNGIG

Mondstärken Optimistisch, motivierend, begeisterungsfähig, vielseitig. Schauspielerische Begabung. Rhythmus- und Musikgefühl. Im Ausland leben können. Schriftstellerische Talente. Sportliche Fähigkeiten und Interessen
Mondschwächen Überzogene Führungsansprüche. Blauäugigkeit. Naivität

Aus einer meistens optimistischen und lebensbejahenden Grundstimmung heraus lassen Sie sich leicht begeistern und mitreißen. Sie haben Ideale und hohe Ansprüche an sich selbst, aber auch an diejenigen Menschen, die Sie umgeben. Dabei kann es Ihnen passieren, daß Sie leicht einmal ins Schwärmen kommen, den Kontakt mit der konkreten Wirklichkeit verlieren und in Schwierigkeiten geraten. Ihr grundsätzlicher Optimismus bewahrt Sie aber davor, in Problemen zu versinken. Zwischen Hoffnung und Erfüllung lebend, entwachsen Sie nie ganz dem kindlichen Land Phantasia und suchen in der Welt die Erfüllung Ihrer Träume. Am stärksten werden Sie, wenn es darum geht, andere zu überzeugen und mitzureißen.

Ihre Liebesfähigkeit: Zuallererst brauchen Sie einen Partner, der Ihre Unabhängigkeit bewundert und Sie nicht einengt. Zweitens darf Ihr Partner nicht narzißtisch sein, denn Sie sind schonungslos offen; er muß die Wahrheit schon ertragen können. Drittens braucht Ihr Partner geistige Größe (Sie haben sie schließlich auch), denn für Sie ist Liebe viel mehr als eine Bettgeschichte, nämlich ein Zusammentreffen von Körper, Geist und Seele.

Mond-Check
Wie weiblich macht mich mein Mond? Auch als Frau stehen Sie leicht Ihren Mann.
Wie mütterlich macht mich mein Mond? Sie haben etwas gegen zuviel Mütterlichkeit.
Wie gefühlvoll macht mich mein Mond? Sie sind feurig, ekstatisch – aber nicht gerade gefühlvoll.
Wie intuitiv macht mich mein Mond? Sie verfügen über eine große Intuition und Seelenstärke.

Mond im Steinbock – SELBSTÄNDIG

Mondstärken Klares Gefühlsleben. Selbstbeherrschung und Pflichtbewußtsein. Streben nach Objektivität und Klarheit. Ernsthaftigkeit. Liebe zu Beruf und Karriere. Suche nach sozialer oder politischer Verantwortung

Mondschwächen Sich selbst zu negativ sehen. Abhängigkeit von beruflichem Erfolg. Gefühlskontrolle

Der erste Eindruck von Ihnen ist oft der eines kühlen Menschen. Aber unter dem Hauch von Frostigkeit wartet ein warmes, anschmiegsames Geschöpf. Ihre weiche Seele zeigen Sie jedoch nur denjenigen, die Ihren hohen Ansprüchen genügen. Ihr Leben nehmen Sie selbst in die Hand. Sie brauchen einen Beruf und keinen Job und sollten daher eine qualifizierte Ausbildung anstreben. Diese wird sich auszahlen, denn mit dem Mond im Steinbock haben Sie die richtigen Voraussetzungen für Erfolg und Karriere.

Ihre Liebesfähigkeit: Die Behauptung, Sie seien abweisend und kalt, stammt garantiert von Personen, die bei Ihnen nicht landen konnten. Sie jedenfalls suchen auch beim Thema Liebe das Besondere, möchten auch hier Gipfel erleben. Aber Sie haben Ihre Gefühle im Griff, stehen über ihnen und mögen es nicht, wenn Menschen sich von den Launen ihrer Gefühle abhängig machen. Große Taten vollbringen Sie selbst, an Ihrem Traumpartner reizt Sie das andere; Sie erwarten Seelentiefe und – ganz im Gegenteil zu sich selbst – ein fast kindliches Gemüt. Auch das Rätselhafte übt einen magnetischen Einfluß auf Sie aus.

Mond-Check

Wie weiblich macht mich mein Mond? Sie sind sehr weiblich, auch ohne es nach außen hin deutlich zu zeigen.

Wie mütterlich macht mich mein Mond? Auch Ihre Mütterlichkeit ist ausgeprägt. Aber Sie wollen ebenso Karriere machen.

Wie gefühlvoll macht mich mein Mond? Sie verdrängen unliebsame Gefühle, was diese nur noch stärker macht.

Wie intuitiv macht mich mein Mond? Sie haben Zugang zu Wahrträumen.

Mondstärken Sozial, human, aufgeschlossen. Ungebunden. Veränderungsliebe. Reisefreude. Erfindungsgabe. Intuitionskraft. Vorurteilslosigkeit. Reformwillen
Mondschwächen Zwanghaft antiautoritäres Denken und Handeln. Verwirrtheit

Wenn Sie wollen, beherrschen Sie die feinsten gesellschaftlichen Umgangsformen, aber Sie können auch gegen jede Regel verstoßen. Jedenfalls sind Sie stets für eine Überraschung gut und lassen sich nicht in Normen pressen. Sie wollen, ja, müssen anders sein als alle anderen. Eine kreative Tätigkeit entspricht Ihrer Veranlagung. Dagegen werden Sie mit dem Frust, den das Leben bringt, schlecht fertig. Allem Neuen gegenüber zeigen Sie sich enthusiastisch. Aber Ihr Interesse erlischt auch schnell wieder. Sie müssen daher lernen, am Ball zu bleiben.

Ihre Liebesfähigkeit: Ihr Liebesleben ist widersprüchlich. Auf der einen Seite spielen Sie mit dem Feuer, haben das Flirten für Ihr Leben gern und sind bereit, sich auch in eine aussichtslose Beziehung einzulassen, wenn diese nur genügend Aufregung verspricht. Auf der anderen Seite können Sie völlig ohne Sexualität auskommen. Das liegt daran, daß Sie mit dem Mond im Wassermann hohe und ausgesprochen idealistische Ansprüche an die Liebe stellen. Tief in Ihrer Seele empfinden Sie sich als Engel und streben nach einer geistigen, beinahe überirdischen Liebe, bei der das Körperliche nur noch eine Nebenrolle spielt.

Mond-Check
Wie weiblich macht mich mein Mond? Der Wassermannmond hebt Sie beinahe über die Unterscheidung männlich–weiblich: Beide Seiten sind Ihnen sehr vertraut.
Wie mütterlich macht mich mein Mond? Sie sind der beste Gefährte und Freund aller Kinder, aber absolut kein Muttertyp.
Wie gefühlvoll macht mich mein Mond? Tiefen Gefühlen gegenüber sind Sie mißtrauisch.
Wie intuitiv macht mich mein Mond? Sie haben häufig Offenbarungsträume, in denen Sie Hinweise für Ihren Lebensweg erhalten.

Mond in den Fischen – MYSTERIÖS

Mondstärken Mediale Fähigkeiten. Heilerische Qualitäten. Kraft durch Glauben. Sensibilität beruflich nutzen können (zum Beispiel als Heilpraktiker). Liebe für andere, Liebe zur Schöpfung. Sich auf instinkthaftes Gespür verlassen können

Mondschwächen Wirre Phantasievorstellungen. Unsicherheit. Bindungslosigkeit

Sie sind vielschichtig und widersprüchlich: Sie können in einer Woge des Mitgefühls für die gesamte Schöpfung schwimmen, aber manchmal stehen Sie abgehoben und einsam über dem Rest der Welt. Sie verfügen über feinste Antennen, erahnen sogar die Gedanken anderer, und dann wieder stapfen Sie bereitwillig in jedes nur erdenkliche Fettnäpfchen. Ihre Intuition ist ungeheuer. Manche unter Ihnen ahnen in ihren Träumen zukünftige Ereignisse voraus. Auch als Heiler und Helfer vollbringen Sie beinahe Wunder. Wie mit einem sechsten Sinn behaftet, spüren Sie, was einem anderen fehlt. Sie müssen sich aber auch schützen, denn Sorgen und Probleme springen nur allzu leicht von anderen auf Sie selbst über.

Ihre Liebesfähigkeit: Es ist leicht, sich in Sie zu verlieben, denn Sie locken und verführen mit einem sphinxartig-unergründlichen Wesen. Jeder fühlt sich verstanden und erlöst von seiner Einsamkeit. Die Partnerschaft mit Ihnen ist jedoch eine ganz andere Sache. Wer sie eingeht, beherrscht früher oder später die Quadratur des Kreises. Sie sind nicht nur ein schillerndes und anmutiges, sondern auch ein äußerst widersprüchliches Geschöpf. Hält Ihr Partner dies aus, werden Sie ihm aber viel Glück, Freude und Segen bringen.

Mond-Check

Wie weiblich macht mich mein Mond? Sie sind äußerst weiblich, können diese Seite aber auch vollkommen verstecken und verdrängen.
Wie mütterlich macht mich mein Mond? Sie fühlen sich als Mutter der gesamten Schöpfung.
Wie gefühlvoll macht mich mein Mond? Sie sind ungeheuer gefühlvoll.
Wie intuitiv macht mich mein Mond? Unter allen Mondstellungen sind Sie am intuitivsten.

Das Merkurhoroskop – SCHLAU, KOMMUNIKATIV UND GÖTTLICH BERATEN SEIN

Der römische Gott Merkur entspricht ganz dem Hermes der griechischen Mythologie. Er war ein äußerst schillernder Gott, ausgestattet mit zahlreichen Eigenschaften und Funktionen. Respekt und Bewunderung erwarb er sich durch Klugheit und Raffinesse. So stahl er – gerade erst als Sohn des Jupiter und der Nymphe Maia geboren – dem Gott Apoll eine Rinderherde. Von diesem zur Rede gestellt, spielte er auf einem mit Fell und Saiten versehenen Schildkrötenpanzer derart gekonnt auf, daß Apolls Zorn verflog und er ihm die Rinder im Tausch gegen das Musikinstrument überließ. »Ganz nebenbei« hatte Merkur auf diese Weise die Lyra »erfunden«, jenes zauberhafte Instrument, mit dem später Orpheus Menschen wie Götter verzauberte.
Gott Merkur war also klug und listig – und genau diese Fähigkeit verleiht er auch uns Menschen. Er macht beredt, erfinderisch und verhilft einem auch mal zu einer guten Ausrede. Seiner listigen Eigenschaften wegen wurde er zum Gott der Kaufleute, Diebe und Bänkelsänger. Seine Fröhlichkeit machte ihn zum Schutzpatron all derjenigen, die auf heiteren Wegen wandeln. Und sein Diebstahl der Kühe ließ ihn selbstredend zum Gedeihen der Viehherden beitragen. Infolge seiner Lust am Reden und seines Talents, sich allemal in ein günstiges Licht zu setzen, wurde er der göttliche Freund all derer, die viel sprechen, schreiben und auf der Bühne stehen: Dichter, Sänger, Schauspieler, Politiker, Talkmaster, Ansager, Komiker, Artisten oder Musiker. Wie wir denken, reden, kommunizieren, uns darstellen und uns verkaufen, das alles verrät die Position Merkurs in unserem Horoskop. Er verkörpert unsere unbeschwerte Seite und den leichtesten Weg, den man gehen kann.
Aber Merkur hat noch mehr auf Lager: Bei den Griechen galt er als Diener Jupiters und als Götterbote, der zwischen dem Olymp, dem Wohnort der Unsterblichen, und den Menschen drunten auf der Erde vermittelte. Und er begleitete auch die Seelen der Verstorbenen in die Unterwelt. Er besaß geflügelte Sandalen und einen geflügelten Hut, damit er rasch hin und her eilen konnte. Ein weiteres Attribut war sein Heroldsstab, der Kerykeion, ein Zauberstab.

Hermes überbrachte also den Willen seines Vaters Zeus. So führte er zum Beispiel in dessen Auftrag Hera, Athene und Aphrodite zum Idagebirge, wo Paris den goldenen Apfel der – seiner Wahl nach – schönsten der Frauen überreichen sollte. Seine Entscheidung für Aphrodite, die ihm dafür Helena versprochen hatte, löste später bekanntlich den Trojanischen Krieg aus.
Tatsächlich fungiert Merkur auch in der Astrologie als eine Art »Empfangs- und Sendestation«. Wo er sich in unserem Horoskop befindet, sind uns die Götter besonders nah und übermitteln uns ihre Botschaften und Nachrichten. Umgekehrt können wir dort die Götter am ehesten erreichen.
Merkur ist der sonnennächste Planet. Er zieht seine Kreise um unser Zentralgestirn so eng, daß er sich nie mehr als ein Zeichen von der Sonne entfernen kann. Das führt auch dazu, daß in vielen Horoskopen Merkur die gleiche Tierkreiszeichenposition einnimmt wie die Sonne.

DIE ERMITTLUNG DES MERKURZEICHENS

Suchen Sie in der folgenden Merkurtabelle Ihren Geburtstag und entnehmen Sie Ihre Merkurposition, die Sie auf den entsprechenden Text im anschließenden Kapitel über Ihr Merkurzeichen verweist. (Siehe auch die Vorbemerkung am Beginn von Teil II dieses Buches.)

Die Merkurtabelle

1920* 23.9.–4.10. Waage, 5.10.–24.10. Skorpion, **1921** 23.9.–28.9. Waage, 29.9.–24.10. Skorpion, **1922** 23.9.–1.10. Waage, 2.10.–5.10. Skorpion, 6.10.–24.10. Waage, **1923** 23.9.–4.10. Waage, 5.10.–11.10. Jungfrau, 12.10.–24.10. Waage, **1924** 23.9.–8.10. Jungfrau, 9.10.–23.10. Waage, 24.10. Skorpion, **1925** 23.9.–28.9. Jungfrau, 29.9.–16.10. Waage, 17.10.–24.10. Skorpion, **1926** 23.9.–9.10. Waage, 10.10.–24.10. Skorpion, **1927** 23.9.–2.10. Waage, 3.10.–24.10. Skorpion, **1928**

* Siehe auch die Anmerkung zur Mondtabelle.

23.9.–27.9. Waage, 28.9.–24.10. Skorpion, **1929** Waage, **1930** 23.9.–10.10. Jungfrau, 11.10.–24.10. Waage, **1931** 23.9.–3.10. Jungfrau, 4.10.–21.10. Waage, 22.10.–24.10. Skorpion, **1932** 23.9.–25.9. Jungfrau, 26.9.–12.10. Waage, 13.10.–24.10. Skorpion, **1933** 23.9.–5.10. Waage, 6.10.–24.10. Skorpion, **1934** 23.9.–29.9. Waage, 30.9.–24.10. Skorpion, **1935** 23.9.–28.9. Waage, 29.9.–12.10. Skorpion, 13.10.–24.10. Waage, **1936** Waage, **1937** 23.9.–7.10. Jungfrau, 8.10.–24.10. Waage, **1938** 23.9.–30.9. Jungfrau, 1.10.–17.10. Waage, 18.10.–24.10. Skorpion, **1939** 23.9.–10.10. Waage, 11.10.–24.10. Skorpion, **1940** 23.9.–2.10. Waage, 3.10.–24.10. Skorpion, **1941** 23.9.–27.9. Waage, 28.9.–24.10. Skorpion, **1942** Waage, **1943** 23.9.–25.9. Waage, 26.9.–11.10. Jungfrau, 12.10.–24.10. Waage, **1944** 23.9.–4.10. Jungfrau, 5.10.–21.10. Waage, 22.10.–24.10. Skorpion, **1945** 23.9.–26.9. Jungfrau, 27.9.–14.10. Waage, 15.10.–24.10. Skorpion, **1946** 23.9.–7.10. Waage, 8.10.–24.10. Skorpion, **1947** 23.9.–1.10. Waage, 2.10.–24.10. Skorpion, **1948** 23.9.–26.9. Waage, 27.9.–17.10. Skorpion, 18.10.–24.10. Waage, **1949** Waage, **1950** 23.9.–8.10. Jungfrau, 9.10.–24.10. Waage, **1951** 23.9.–1.10. Jungfrau, 2.10.–19.10. Waage, 20.10.–24.10. Skorpion, **1952** 23.9. Jungfrau, 24.9.–10.10. Waage, 11.10.–24.10. Skorpion, **1953** 23.9.–4.10. Waage, 5.10.–24.10. Skorpion, **1954** 23.9.–28.9. Waage, 29.9.–24.10. Skorpion, **1955** Waage, **1956** 23.9.–29.9. Waage, 30.9.–10.10. Jungfrau, 11.10.–24.10. Waage, **1957** 23.9.–5.10. Jungfrau, 6.10.–23.10. Waage, 24.10. Skorpion, **1958** 23.9.–28.9. Jungfrau, 29.9.–15.10. Waage, 16.10.–24.10. Skorpion, **1959** 23.9.–8.10. Waage, 9.10.–24.10. Skorpion, **1960** 23.9.–1.10. Waage, 2.10.–24.10. Skorpion, **1961** 23.9.–26.9. Waage, 27.9.–22.10. Skorpion, 23.10.–24.10. Waage, **1962** Waage, **1963** 23.9.–9.10. Jungfrau, 10.10.–24.10. Waage, **1964** 23.9.–2.10. Jungfrau, 3.10.–19.10. Waage, 20.10.–24.10. Skorpion, **1965** 23.9.–24.9. Jungfrau, 25.9.–12.10. Waage, 13.10.–24.10. Skorpion, **1966** 23.9.–5.10. Waage, 6.10.–24.10. Skorpion, **1967** 23.9.–29.9. Waage, 30.9.–24.10. Skorpion, **1968** 23.9.–28.9. Waage, 29.9.–7.10. Skorpion, 8.10.–24.10. Waage, **1969** 23.9.–7.10. Waage, 8.10.–9.10. Jungfrau, 10.10.–24.10. Waage, **1970** 23.9.–7.10. Jungfrau, 8.10.–24.10. Waage, **1971** 23.9.–29.9. Jungfrau, 30.9.–17.10. Waage, 18.10.–24.10. Skorpion, **1972**

23.9.–8.10. Waage, 9.10.–24.10. Skorpion, **1973** 23.9.–2.10. Waage, 3.10.–24.10. Skorpion, **1974** 23.9.–26.9. Waage, 27.9.–24.10. Skorpion, **1975** Waage, **1976** 23.9.–9.10. Jungfrau, 10.10.–24.10. Waage, **1977** 23.9.–3.10. Jungfrau, 4.10.–21.10. Waage, 22.10.–24.10. Skorpion, **1978** 23.9.–26.9. Jungfrau, 27.9.–13.10. Waage, 14.10.–24.10. Skorpion, **1979** 23.9.–6.10. Waage, 7.10.–24.10. Skorpion, **1980** 23.9.–29.9. Waage, 30.9.–24.10. Skorpion, **1981** 23.9.–26.9. Waage, 27.9.–14.10. Skorpion, 15.10.–24.10. Waage, **1982** Waage, **1983** 23.9.–8.10. Jungfrau, 9.10.–24.10. Waage, **1984** 23.9.–30.9. Jungfrau, 31.9.–17.10. Waage, 18.10.–24.10. Skorpion, **1985** 23.9.–10.10. Waage, 11.10.–24.10. Skorpion, **1986** 23.9.–3.10. Waage, 4.10.–24.10. Skorpion, **1987** 23.9.–28.9. Waage, 29.9.–24.10. Skorpion, **1988** Waage, **1989** 23.9.–26.9. Waage, 27.9.–10.10. Jungfrau, 11.10.–24.10. Waage, **1990** 23.9.–5.10. Jungfrau, 6.10.–22.10. Waage, 23.10.–24.10. Skorpion, **1991** 23.9.–27.9. Jungfrau, 28.9.–14.10. Waage, 15.10.–24.10. Skorpion, **1992** 23.9.–6.10. Waage, 7.10.–24.10. Skorpion, **1993** 23.9.–31.9. Waage, 1.10.–24.10. Skorpion, **1994** 23.9.–26.9. Waage, 27.9.–18.10. Skorpion, 19.10.–24.10. Waage, **1995** Waage, **1996** 23.9.–8.10. Jungfrau, 9.10.–24.10. Waage, **1997** 23.9.–1.10. Jungfrau, 2.10.–18.10. Waage, 19.10.–24.10. Skorpion, **1998** 23.9. Jungfrau, 24.9.–11.10. Waage, 12.10.–24.10. Skorpion, **1999** 23.9.–4.10. Waage, 5.10.–24.10. Skorpion, **2000** 23.9.–27.9. Waage, 28.9.–24.10. Skorpion, **2001** Waage, **2002** 23.9.–1.10. Waage, 2.10.–11.10. Jungfrau, 12.10.–24.10. Waage, **2003** 23.9.–5.10. Jungfrau, 6.10.–23.10. Waage, 24.10. Skorpion

Merkur in der Jungfrau – AKKURATES DENKEN

Merkurstärken Sachliches, analytisches und behutsames Denken
Merkurschwächen Wankelmütig und leicht ablenkbar sein

Ihr Denken ist sachlich, genau und praktisch. Sie beziehen sich – ähnlich wie der Stier – in Ihren Überlegungen auf gemachte Erfahrungen oder solche, die von zuverlässigen Leuten stammen. Das verleiht Ihnen Sicherheit und Glaubwürdigkeit. Obendrein führt Merkur in der Jungfrau dazu, fehlerorientiert vorzugehen: Was gut und richtig ist, dem schenken Sie wenig Aufmerksamkeit, dafür verfolgen Sie mit Argusaugen jede Unregelmäßigkeit und finden Fehler meistens zuerst. Für Inspektionen, Korrekturen, wissenschaftliches Arbeiten und überall sonst, wo es gilt, Fehler zu vermeiden, sind Sie unübertrefflich. Aber Ihr Merkur in der Jungfrau hat auch Schattenseiten: Ihre überkritische, unter Umständen sogar pessimistische Art macht Ihnen nicht nur Freunde. Hierbei sollten Sie sich etwas kontrollieren, damit Sie nicht den Stempel »Meckertante« bzw. »-fritze« aufgedrückt bekommen.
Auf andere Menschen zuzugehen fällt Ihnen nicht leicht. Sie sind eher schüchtern. Das rührt natürlich auch daher, daß Sie keine Fehler machen möchten.
Was Ihnen guttut, sind Menschen, die emotionaler und nicht so auf Fehler fixiert sind. Seien Sie mutig und wählen Sie Freunde, die (aus Ihrer Sicht) dazu neigen, Fehler zu machen.

Merkur-Check
Wie leicht fällt es mir, Kontakt zu schließen? Ich bin schüchtern und vorsichtig, um Fehler zu vermeiden.
Was bringt mich »den Göttern« näher? Alle Pflichten erledigt haben, anerkannt werden, gut sein.

Merkur in der Waage – AUSGLEICHENDES DENKEN

Merkurstärken Verbindendes und verbindliches, logisches und abstraktes Denken, einfühlsam sein
Merkurschwächen Unentschieden und wankelmütig sein

Merkur in der Waage verhilft Ihnen zu einem sehr du-orientierten Denken. Sie versetzen sich bei jeder Unterhaltung in Ihr Gegenüber und versuchen, die Welt auch aus seiner Sicht zu betrachten. Das ist eine Stärke für jedes persönliche Gespräch; in der Begegnung mit Ihnen entsteht nie das Gefühl, zu kurz zu kommen, nicht verstanden zu werden.
Zum Nachteil gerät es, daß es Ihnen schwerfällt, eine eigene Meinung zu vertreten. Sie versuchen daher, Ihr Denken auf ein logisches Fundament zu stellen: Sie wägen ab, vergleichen, hören die Argumente anderer, ziehen Schlüsse usw. Diese ständige »Kopfarbeit« ist anstrengend. Zuweilen müssen Sie daher »abschalten«, den Kopf leer machen. Das gelingt Ihnen (mit viel Geduld und Zeit) am ehesten durch Meditation oder Yoga.
Die größten Probleme haben Sie mit Menschen, die sich auf gemachte Erfahrungen berufen. Jemand, der argumentiert: »Das ist doch schon immer so gewesen ...!«, treibt Sie an die Decke. Auch wenn sich Denken und Fühlen vermischen, regt sich Ihr Widerstand. Aber genau diese Weisen zu argumentieren müssen Sie wohlwollend annehmen, wenn Sie nicht einseitig werden wollen. Mit einem anderen Menschen – egal, mit wem – ein Gespräch zu führen fällt Ihnen leicht. Ihre große Gabe ist es, (fast) jeden zu verstehen, den Sie näher kennen.

Merkur-Check
Wie leicht fällt es mir, Kontakt zu schließen? Ich weiß genau, wann der richtige Moment ist, auf jemanden zuzugehen.
Was bringt mich »den Göttern« näher? Mich mit jemandem verstehen, mit jemanden im Einklang sein, lieben und geliebt werden.

Merkur im Skorpion – TIEFES DENKEN

Merkurstärken Hinterfragendes, bohrendes Denken, den Dingen auf den Grund gehen
Merkurschwächen Subjektiv verfälschtes Denken

Ähnlich wie der Krebs denken Sie »mit dem Bauch«. Ihre Gefühle gehen in Ihr Denken ein und färben es subjektiv. Ihre Schlußfolgerungen und Einfälle hängen stark davon ab, wie Sie gerade »drauf sind«. Damit wecken Sie bei anderen Menschen, vor allem dem männlichen Geschlecht, Widerspruch und Ablehnung. Man bemängelt, daß Sie nicht rational argumentieren. Aber aus der ganzheitlichen Sicht gesehen ist Ihre Art völlig in Ordnung. Denn Gefühle sind ja nichts »Verkehrtes«, in ihnen kommt das Leben selbst zu Wort. Und genau das ist Ihre Stärke mit Merkur im Skorpion: den Puls des Lebens aufzuspüren.
Sie wollen den Dingen auf den Grund kommen und legen gern »den Finger in die Wunde«. Sie können wahnsinnig hartnäckig sein, wenn Sie nur den leisesten Verdacht haben, daß etwas nicht stimmt, daß etwas versteckt oder verheimlicht wird. Zuweilen schießen Sie auch übers Ziel hinaus und vermuten »Gespenster«. Aber das ist noch lange kein Grund, an Ihrer Art des Denkens und Argumentierens zu zweifeln oder sich von anderen verunsichern zu lassen.
Ebenso tief sind Ihre menschlichen Beziehungen. Nach dem Motto »Alles oder nichts« gehen Sie oberflächlichen Kontakten aus dem Weg, haben daher auch entsprechende Vorbehalte gegen »Small talk« bzw. belangloses Partygeplauder.

Merkur-Check
Wie leicht fällt es mir, Kontakt zu schließen? Ich versuche, oberflächliche Kontakte zu vermeiden, und wünsche mir einen tiefen Austausch mit anderen.
Was bringt mich »den Göttern« näher? Mich mit jemanden tief austauschen, verstanden werden, leben, wie es für mich stimmt.

Das Venushoroskop –
IHRE LIEBESFÄHIGKEIT

Venuszeichen

Kurz nach Sonnenuntergang – der Westen badet sich noch in goldenem Rot, im Osten kündet ein stahlblauer Himmel die heraufziehende Nacht an – kann man sie sehen, die Venus. Sie ist so hell, daß man sie manchmal mit den Lichtern eines Flugzeugs verwechselt. Und in Gegenden, die nicht künstlich erleuchtet sind, überkommt den Betrachter bei ihrem Anblick fast das Gefühl einer außerirdischen Begegnung. Der Tag geht zur Ruhe, Venus läutet den Feierabend ein, jene Zeit, die weder der Arbeit noch dem Schlaf gehört, vielmehr der Muße – und der Liebe.
Aber Venus verzaubert nicht nur den Abend, sondern auch den Morgen. Denn die Hälfte des Jahres läuft sie, wie wir es von der Erde aus

sehen, der Sonne nach, sie steht dann als Venus des Abends nach Sonnenuntergang noch einige Zeit am Abendhimmel. Die andere Hälfte jedoch läuft sie der Sonne voraus und steigt als Venus des Morgens vor der Sonne über den östlichen Horizont als strahlende Botin des neuen Tages.

Venus oder die griechische Entsprechung Aphrodite trug den Namen »Schaumgeborene«: Dem Mythos nach hat Kronos (Saturnus), der Vater des Zeus, das Zeugungsglied seines Vaters Uranos ins Meer geworfen. Aus dem Schaum, der sich dabei bildete, ist die Göttin der Schönheit entstanden (griechisch *aphrós* = »Schaum«).

Sie galt als die fruchtbare Göttin des blühenden Frühlings und der überströmenden Frühlingslust. Sie war die Beschützerin der Gärten, Blumen und Lusthaine. Ihre Lieblingsgewächse waren Myrten, Rosen und Lilien, ihre Frucht der Apfel, ihre bevorzugten Tiere waren Widder, Böcke, Hasen, Tauben und die bunten Schmetterlinge. Vor allem aber war Venus/Aphrodite eine Frau, deren unvergleichliche Schönheit die Männer betörte. Man fand schier kein Ende, all ihre Reize aufzuzählen: göttlicher Wuchs, strahlende Augen, verlockender Blick, rosenknospiger Mund, zierliche Ohren, reizender Busen und, und, und ...

Im Vergleich dazu sah ihr häßlicher, hinkender Ehemann Hephaistos, der Gott des Erdfeuers und Schutzgott der Schmiedekunst, ziemlich alt aus, wie man heute sagen würde. Sie nutzte denn auch jede Gelegenheit zu einem Seitensprung. Der bekannteste (und folgenreichste) war wohl jener mit Mars, dem Amor, der spitzbübische Junge mit den heimtückischen Liebespfeilen, sein Leben verdankte.

Die schöne Venus bekam ein würdiges Denkmal am Himmel; der hellste Stern wurde nach ihr benannt. Je nach Position kündet er als Abendstern den Feierabend, vor Sonnenaufgang die nahende Morgenröte an.

»Venus« ist in der Symbolsprache ein anderes Wort für »Liebe, Lust, Zärtlichkeit, Leidenschaft, Zweisamkeit, Anziehung, Nähe, Knistern, Flirten, Sehnsucht, Verschmelzung, Sinnlichkeit« und dergleichen mehr. Aber jede Venusposition in den Tierkreiszeichen gibt all diesen Facetten der Liebe eine andere Färbung, ein bestimmtes Gewicht, einen individuellen Glanz. Da müssen Sie Ihre persönliche Venus einfach näher kennenlernen!

DIE ERMITTLUNG DES VENUSZEICHENS

In der Venustabelle finden Sie ganz einfach Ihre Venusposition, indem Sie Ihren Geburtstag suchen. Dahinter ist das Tierkreiszeichen vermerkt, in dem Ihre Venus steht. Dann brauchen Sie nur noch den entsprechenden Abschnitt im anschließenden Text nachzulesen. (Siehe auch die Vorbemerkung am Beginn von Teil II dieses Buches.)

Die Venustabelle

1920* 23.9.–29.9. Waage, 30.9.–23.10. Skorpion, 24.10. Schütze, **1921** 23.9.–25.9. Löwe, 26.9.–20.10. Jungfrau, 21.10.–24.10. Waage, **1922** 23.9.–10.10. Skorpion, 11.10.–24.10. Schütze, **1923** 23.9.–14.10. Waage, 15.10.–24.10 Skorpion, **1924** 23.9.–7.10. Löwe, 8.10.–24.10. Jungfrau, **1925** 23.9.–11.10. Skorpion, 12.10.–24.10. Schütze, **1926** 23.9.–5.10. Jungfrau, 6.10.–24.10. Waage, **1927** Jungfrau, **1928** 23.9.–28.9. Waage, 29.9.–23.10. Skorpion, 24.10. Schütze, **1929** 23.9.–25.9. Löwe, 26.9.–19.10. Jungfrau, 20.10.–24.10. Waage, **1930** 23.9.–11.10. Skorpion, 12.10.–24.10. Schütze, **1931** 23.9.–14.10. Waage, 15.10.–24.10. Skorpion, **1932** 23.9.–6.10. Löwe, 7.10.–24.10. Jungfrau, **1933** 23.9.–10.10. Skorpion, 11.10.– 24.10. Schütze, **1934** 23.9.–4.10. Jungfrau, 5.10.–24.10. Waage, **1935** Jungfrau, **1936** 23.9.–28.9. Waage, 29.9.–22.10. Skorpion, 23.10.–24.10. Schütze, **1937** 23.9.–19.10. Jungfrau, 20.10.–24.10. Waage, **1938** 23.9.–13.10. Skorpion, 14.10.–24.10. Schütze, **1939** 23.9.–13.10. Waage, 14.10.–24.10. Skorpion, **1940** 23.9.–6.10. Löwe, 7.10.– 24.10. Jungfrau, **1941** 23.9.–10.10. Skorpion, 11.10.– 24.10. Schütze, **1942** 23.9.–4.10. Jungfrau, 5.10.–24.10. Waage, **1943** Jungfrau, **1944** 23.9.–27.9. Waage, 28.9.–22.10. Skorpion, 23.10.–24.10. Schütze, **1945** 23.9.–24.9. Löwe, 25.9.–18.10. Jungfrau, 19.10.– 24.10. Waage, **1946** 23.9.–15.10. Skorpion, 16.10.– 24.10. Schütze, **1947** 23.9.–13.10. Waage, 14.10.–24.10. Skorpion, **1948** 23.9.–6.10. Löwe, 7.10.–24.10. Jungfrau, **1949** 23.9.–9.10. Skorpion, 10.10.– 24.10. Schütze, **1950** 23.9.–3.10. Jungfrau, 4.10.– 24.10. Waage, **1951** Jungfrau, **1952** 23.9.–27.9. Waage, 28.9.–21.10. Skorpion, 22.10.–24.10. Schütze, **1953** 23.9. Löwe, 24.9.–18.10. Jungfrau, 19.10.–24.10. Waage, **1954**

* Siehe auch die Anmerkung zur Mondtabelle.

23.9.–23.10. Skorpion, 24.10. Schütze, **1955** 23.9.–12.10. Waage, 13.10.–24.10. Skorpion, **1956** 23.9.–5.10. Löwe, 6.10.–24.10. Jungfrau, **1957** 23.9.–9.10. Skorpion, 10.–24.10. Schütze, **1958** 23.9.–3.10. Jungfrau, 4.10.–24.10. Waage, **1959** 23.9.–24.9. Löwe, 25.9.–24.10. Jungfrau, **1960** 23.9.–26.9. Waage, 27.9.–21.10. Skorpion, 22.10.–24.10. Schütze, **1961** 23.9. Löwe, 24.9.–17.10. Jungfrau, 18.10.–24.10. Waage, **1962** Skorpion, **1963** 23.9.–11.10. Waage, 12.10.–24.10. Skorpion, **1964** 23.9.–5.10. Löwe, 6.10.–24.10. Jungfrau, **1965** 23.9.–9.10. Skorpion, 11.10.– 24.10. Schütze, **1966** 23.9.–2.10. Jungfrau, 3.10.–24.10. Waage, **1967** 23.9.–1.10. Löwe, 2.10.–24.10. Jungfrau, **1968** 23.9.–26.9. Waage, 27.9.–20.10. Skorpion, 21.10.–24.10. Schütze, **1969** 23.9.– 16.10. Jungfrau, 17.10.–24.10. Waage, **1970** Skorpion, **1971** 23.9.–11.10. Waage, 12.10.–24.10. Skorpion, **1972** 23.9.–4.10. Löwe, 5.10.–24.10. Jungfrau, **1973** 23.9.–8.10. Skorpion, 9.10.– 24.10. Schütze, **1974** 23.9.–2.10. Jungfrau, 3.10.–24.10. Waage, **1975** 23.9.–3.10. Löwe, 4.10.–24.10. Jungfrau, **1976** 23.9.–20.10. Skorpion, 21.10.–24.10. Schütze, **1977** 23.9.–16.10. Jungfrau, 17.10.– 24.10. Waage, **1978** Skorpion, **1979** 23.9.–10.10. Waage, 11.10.– 24.10. Skorpion, **1980** 23.9.–4.10. Löwe, 5.10.–24.10. Jungfrau, **1981** 23.9.–8.10. Skorpion, 9.10.–24.10. Schütze, **1982** 23.9.–1.10. Jungfrau, 2.10.–24.10. Waage, **1983** 23.9.–5.10. Löwe, 6.10.– 24.10. Jungfrau, **1984** 23.9.–25.9. Waage, 26.9.–19.10. Skorpion, 20.10.–24.10. Schütze, **1985** 23.9.–16.10. Jungfrau, 17.10.–24.10. Waage, **1986** Skorpion, **1987** 23.9.–10.10. Waage, 11.10.– 24.10. Skorpion, **1988** 23.9.–3.10. Löwe, 4.10.–24.10. Jungfrau, **1989** 23.9.–8.10. Skorpion, 9.10.–24.10. Schütze, **1990** 23.9.–30.9. Jungfrau, 1.10.– 24.10. Waage, **1991** 23.9.–6.10. Löwe, 7.10.–24.10. Jungfrau, **1992** 23.9.–24.9. Waage, 25.9.–19.10. Skorpion, 20.10.–24.10. Schütze, **1993** 23.9.–15.10. Jungfrau, 16.10.–24.10. Waage, **1994** Skorpion, **1995** 23.9.–9.10. Waage, 10.10.–24.10. Skorpion, **1996** 23.9.–3.10. Löwe, 4.10.–24.10. Jungfrau, **1997** 23.9.–7.10. Skorpion, 8.10.– 24.10. Schütze, **1998** 23.9.–30.9. Jungfrau, 1.10.–24.10. Waage, **1999** 23.9.–7.10. Löwe, 8.10.–24.10. Jungfrau, **2000** 23.9.–24.9. Waage, 25.9.–18.10. Skorpion, 19.10.–24.10. Schütze, **2001** 23.9.– 14.10. Jungfrau, 15.10.– 24.10. Waage, **2002** Skorpion, **2003** 23.9.– 9.10. Waage, 10.10.– 24.10. Skorpion

Venus im Löwen – LUSTVOLLE LIEBE

Venusstärken Warmherzig, verspielt, stark
Venusschwächen Stolz

Zurückhaltung? Bescheidenheit? Schamgefühl? Kommt in Ihrem Repertoire nicht vor. Zumindest dann nicht, wenn es um eine Person geht, die Sie »haben« wollen (oder die Ihnen schon »gehört«). Dann nämlich wird Ihre Venus lebendig, die im Löwen steht, dem feurigsten Tierkreiszeichen überhaupt.

Kein Wunder, daß alle den Atem anhalten, wenn Sie erscheinen. In Ihnen steckt ein Lustobjekt, das gesehen, bewundert, betastet und – das besonders – verschönert, verziert, gekrönt werden möchte. Liebe geht bei Ihnen durch das Auge und kann nur mit Gold und Diamanten aufgewogen werden. Das soll nicht heißen, daß Sie jemanden nur des Geldes wegen lieben. Niemals lassen Sie sich kaufen, Sie schauen immer zuerst aufs Herz. Aber irgendein Schutzengel bringt Sie just mit solchen Frauen bzw. Männern zusammen, die – selbst wenn sie wie die Kirchenmaus beginnen – rasch zu Geld gelangen. Sieht alles aus, als wären Sie irre anspruchsvoll. Stimmt! Aber Sie sind auch eine Menge wert.

Wo soviel Licht ist, muß es doch auch Schatten geben: In Ihnen steckt (weiblich) eine Diva bzw. (männlich) ein Pascha. Beide wollen verwöhnt, verhätschelt, umworben, auf Händen getragen werden. Das ist anstrengend und führt zu Abhängigkeit. Kommt es dann aufgrund von Unverträglichkeit zu Trennungen, leiden Sie wie ein Tier. Weil Sie auch schrecklich stolz sind, versuchen Sie Ihre Schmerzen zu verstecken, was dumm und ungesund ist und das Desaster nur noch verschlimmert.

Venus-Check

Kann meine Venus gut allein sein? Wenn es sein muß. Aber schöner ist es zu zweit.
Sucht meine Venus Sicherheit? Nein, eher Anerkennung.
Besteht meine Venus auf Treue? Natürlich, schließlich sind Sie die/der Größte.
Ist meine Venus eifersüchtig? Ist sie, gibt es aber nicht zu.
Findet meine Venus leicht Partner? Sie wird gefunden, Ihre Venus.

Venus in der Jungfrau – REINE LIEBE

Venusstärken Aufmerksam, unschuldig, rein
Venusschwächen Kühl

Zur Sexualität haben Sie ein recht gespaltenes Verhältnis, keine Frage. Einerseits wollen Sie Sex, sind sogar richtig süchtig danach, träumen womöglich von einem »Erotikclub«, Liebe und einem Orgasmus, der den Himmel erzittern läßt. Andererseits finden Sie Sex aber auch »dumm«, tierisch, primitiv, unter Ihrer Würde, und vor allem hat er rein gar nichts mit vollkommener Liebe zu tun.
Was jetzt? Ein bißchen schizophren? Keineswegs! Sie betrachten Sex lediglich aus sämtlichen Perspektiven. Und irgendwann verstehen Sie, daß er nichts anderes ist als reinste Energie. Dann sind Sie auch bereit, Ihre Sexualität zu sublimieren und in ein kosmisches Erlebnis zu transformieren. Bis Sie selbst ein »Heiliger« bzw. eine »Heilige« sind, müssen Sie's ausprobieren, alles, was es gibt ... Aber nicht vergessen! Sex ist nur eine Vorstufe, ein Übergang; dahinter kommt mehr, eine höhere Bestimmung und Erfüllung. Bleiben Sie auf dem laufenden!

Venus-Check
Kann meine Venus gut allein sein? Es geht, wenn es sein muß. Aber schön ist es nicht.
Sucht meine Venus Sicherheit? O ja, ohne Liebe ist sie ziemlich verloren.
Besteht meine Venus auf Treue? Natürlich, aber sie hält sich nicht daran.
Ist meine Venus eifersüchtig? Ist sie, sie leidet Dramen.
Findet meine Venus leicht Partner? Sie ist schüchtern und hat sich schon oft die Finger verbrannt.

Venus in der Waage – KUNSTVOLLE LIEBE

Venusstärken Charmant, stilvoll, einfühlsam
Venusschwächen Unklar

Erinnern Sie sich noch daran, als Sie ein kleines Mädchen bzw. ein kleiner Junge waren? Sie saßen bei Papa auf dem Schoß und himmelten ihn an. Oder Sie tapsten so süß lächelnd zu Ihrer Tante, daß sie Ihnen jeden Wunsch erfüllte. Seitdem hat sich nichts Wesentliches verändert. Sie haben vielleicht die Kunst, sich mit allen Tricks und Raffinessen ins beste Licht zu setzen, perfektioniert und beherrschen sie heute aus dem Effeff. Aber Sie möchten vor allem immer noch, wie damals als Drei- oder Vierjährige(r), daß die Menschen gut und friedlich miteinander umgehen – und erst recht dann, wenn sie sich lieben.
Natürlich gibt es auch Venus-in-der-Waage-Menschen, die ihre Berufung zum Liebeskünstler verloren haben. Sie wuchsen in zerrütteten Familien auf oder wurden falsch erzogen, eventuell sogar mißhandelt. Aber selbst die tiefsten Wunden können durch die Kraft der Liebe, die ihnen bereits in die Wiege gelegt wurde, geheilt werden.
Probieren Sie es noch einmal, und lernen Sie, sich besser zu schützen – nicht auf die grobe, tölpelhafte, stillose Art, sondern »schön verpackt«, sozusagen »mit rosaroter Schleife« …!

Venus-Check

Kann meine Venus gut allein sein? Dafür ist sie nicht geboren.
Sucht meine Venus Sicherheit? Ja, aber sie gibt sie auch.
Besteht meine Venus auf Treue? Einerseits ja, andererseits weiß sie ja selbst, wie schön die Liebe ist.
Ist meine Venus eifersüchtig? Weniger eifersüchtig als enttäuscht.
Findet meine Venus leicht Partner? Das ist überhaupt kein Problem; alle Welt liebt sie.

Venus ist der herrschende Planet aller Waagegeborenen und schenkt ihnen Liebe, Lust, Sex und Zärtlichkeit

Venus im Skorpion – TOTALE LIEBE

Venusstärken Leidenschaftlich, hingebungsvoll
Venusschwächen Eifersüchtig

Würde man Ihnen sagen, daß Sie Ihr ganzes Leben mit einem/einer »stinknormalen« Liebhaber(in) verbringen müßten, glauben Sie wahrscheinlich, Sie könnten sich auch gleich erschießen oder ins Kloster gehen ... Keine Dramen? Keine Eifersucht? Keine blutigen Schrammen? Liebe ist doch kein Spaziergang, bei dem sich zwei Menschen an den Händchen halten und freundlich anlächeln! Eine Herausforderung ist das, ein Tanz auf dem Vulkan – alles oder nichts! Ihre Venus hat sich doch nicht »zufällig« die spannendste Ecke im astrologischen Tierkreis ausgesucht. »Skorpion«, das ist ein anderes Wort für »Finsternis«, für »Unterwelt«, für »Hölle«.
Aber das Prinzip Skorpion bedeutet auch Transformation. Wer hinuntertaucht in die tiefste Lust und Leidenschaft, wer den Mythos völliger Hingabe nachvollzieht, der geht nicht unter, sondern steigt strahlend, leicht und selbstbewußt wieder auf: am anderen Ende des Tunnels ist Licht – und das wissen Sie auch!

Venus-Check

Kann meine Venus gut allein sein? Es geht, aber sie leidet.
Sucht meine Venus Sicherheit? Nein, sondern Leidenschaft, Gefühl, Tiefe.
Besteht meine Venus auf Treue? Natürlich, bis in den Tod ...
Ist meine Venus eifersüchtig? Ja, abgrundtief!
Findet meine Venus leicht Partner? Nein, weil sie wenige akzeptiert.

Venus im Schützen – FLAMMENDE LIEBE

Venusstärken Unabhängig, feurig, wahrhaftig
Venusschwächen Treulos

Das astrologische Zeichen Schütze repräsentiert keine ruhmreichen Krieger, auch keine kosmischen Sportsmänner oder -frauen, sondern Fabelwesen mit Pferdeleib und menschlichem Oberkörper. Im griechischen Mythos trugen sie den Namen »Kentauren«. Mensch und Tier in dieser Kombination sind natürlich Metaphern für (menschlichen) Geist, Verstand, Einsicht und Weisheit einerseits und (tierische) Lust, Sex, Gier und Triebhaftigkeit andererseits.
Genau zwischen diesen beiden Polen spielt sich Ihr Liebesleben ab: »Die Schöne und das Biest ...« Erkennen Sie sich darin wieder? Sie sind die/der schöne, sanfte Geliebte, die/der ein fremdes Wesen nach Hause schleppt, es pflegt und zähmt und wärmt und ihm die Wunden leckt ... Und das Spiel funktioniert genausogut auch andersherum: Dann sind Sie das wilde Tier, die pure Gier, und Ihr Partner »ist im Kopf«, vielleicht ein bißchen weise, in jedem Fall aber meilenweit entfernt von seiner eigenen Lust – die Sie ihm jedoch wieder schenken wollen. Werden beide Seiten wie Himmel und Hölle unversöhnt auf ewig miteinander ringen? Wer weiß! Sicher ist, daß Venus-im-Schütze-Menschen oft solo leben, sehr selbstbewußt sind und von lustvollsten Erfahrungen mit den unterschiedlichsten Partnern erzählen können. Beweist das nicht, daß das Spiel zwischen Himmel und Hölle viel spannender sein kann als der brave Mittelweg ...?

Venus-Check

Kann meine Venus gut allein sein? Kein Problem; sie findet immer Begleitung.
Sucht meine Venus Sicherheit? Keinesfalls, sondern Abenteuer.
Besteht meine Venus auf Treue? Nein, aber unbedingt auf Fairneß.
Ist meine Venus eifersüchtig? Da muß man durch.
Findet meine Venus leicht Partner? Ja, und zwar rund um den Globus.

Das Marshoroskop – POTENT, AKTIV, ERFOLGREICH UND MÄNNLICH SEIN

Rötlich funkelnd wie Feuer oder Blut, so präsentiert sich nur ein Gestirn am nächtlichen Himmel: der Planet Mars. Abhängig von seiner Nähe zur Erde verändert sich obendrein die Intensität. Menschen früherer Zeiten erschauerten daher, wenn sein Rot zunahm. Sie sprachen von einem zornigen Auge am Himmel und betrachteten es als böses Omen.

In klassischer Zeit galt Mars als Kriegsgott und Beschützer im Kampf: »Beschütze uns, Mars, und schlage dafür den Feind mit Feigheit und Schwäche«, soll der römische Kaiser Titus Flavius vor seinen Schlachten gerufen haben.

Hinter Mars stecken allerdings nicht nur bedrohliche Eigenschaften: So schickt er zum Beispiel zündende Ideen, verleiht Startkraft und schenkt Courage. Mars sorgt für den richtigen Biß, um sich behaupten und Rivalen überwinden zu können. Er verleiht die für Konkurrenzgerangel unerläßlichen »spitzen Ellenbogen« und programmiert auf Sieg. Er verkörpert das Urmännliche, den heldenhaften, schönen Jüngling genauso wie einen sexbesessenen Macho. Mars steht auch einfach für Sex, Potenz und Triebkraft. In ganz besonderer Weise verrät die Marsposition die Art und Weise des Eroberungsspieles: Ob man direkt auf jemanden zugeht, abwartet oder gar zum Rückzug bläst – es ist Mars, der die Fäden zieht.

Er ist ein absolut männlicher Planet, vielleicht der männlichste überhaupt. Frauen besitzen zwar genau wie Männer ihren Mars, aber eher als Potential, als Anlagebild, und neigen dazu, ihn nicht selbst auszuleben, sondern ihn zu projizieren. Sie suchen sich Männer, die ihrem Mars entsprechen. Über diesen Umweg hat er dann doch Anteil an ihrem Leben. Frauen, die Berufe ergreifen, welche früher eher als typisch männlich galten – im Management beispielsweise –, leben ihren Mars weitgehend selbst. Mars ist der regierende Planet des Widders und besitzt daher viele Wesenszüge dieses Tierkreiszeichens.

DIE ERMITTLUNG DES MARSZEICHENS

Suchen Sie in der folgenden Marstabelle Ihren Geburtstag und entnehmen Sie Ihre Marsposition, die Sie auf den entsprechenden Text im anschließenden Kapitel über die Marszeichen verweist. (Siehe auch die Vorbemerkung am Beginn von Teil II dieses Buches.)

Die Marstabelle

1920* 23.9.–18.10. Schütze, 19.10.–24.10. Steinbock, **1921** Jungfrau, **1922** Steinbock, **1923** 23.9.–17.10. Jungfrau, 18.10.–24.10. Waage, **1924** 23.9.–19.10. Wassermann, 20.10.–24.10. Fische, **1925** 23.9.–28.9. Jungfrau, 29.9.–24.10. Waage, **1926** Stier, **1927** Waage, **1928** 23.9.–2.10. Zwillinge, 3.10.–24.10. Krebs, **1929** 23.9.–5.10. Waage, 6.10.–24.10. Skorpion, **1930** 23.9.–20.10. Krebs, 21.10.–24.10. Löwe, **1931** 23.9.–14.10. Skorpion, 15.10.–24.10. Schütze, **1932** Löwe, **1933** 23.9.–8.10. Skorpion, 9.10.–24.10. Schütze, **1934** 23.9.–17.10. Löwe, 18.10.–24.10. Jungfrau, **1935** Schütze, **1936** 23.9.–26.9. Löwe, 27.9.–24.10. Jungfrau, **1937** 23.9.–30.9. Schütze, 31.9.–24.10. Steinbock, **1938** Jungfrau, **1939** Wassermann, **1940** 23.9.–5.10. Jungfrau, 6.10.–24.10. Waage, **1941** 23.9.–24.10. Widder, **1942** Waage, **1943** Zwillinge, **1944** 23.9.–13.10. Waage, 14.10.–24.10. Skorpion, **1945** Krebs, **1946** 23.9.–24.9. Waage, 25.9.–24.10. Skorpion, **1947** 23.9–30.9. Krebs, 1.10.–24.10. Löwe, **1948** 23.9.–16.10. Skorpion, 17.10.–24.10. Schütze, **1949** Löwe, **1950** 23.9.–25.9. Skorpion, 26.9.–24.10. Schütze, **1951** 23.9.–4.10. Löwe, 5.10.–24.10. Jungfrau, **1952** 23.9.–11.10. Schütze, 12.10.–24.10. Steinbock, **1953** Jungfrau, **1954** 23.9.–21.10. Steinbock, 22.10.–24.10. Wassermann, **1955** 23.9.–12.10. Jungfrau, 13.10.–24.10. Waage, **1956** Fische, **1957** 23.9. Jungfrau, 24.9.–24.10. Waage, **1958** Zwillinge, **1959** 23.9.–21.10. Waage, 22.10.–24.10. Skorpion, **1960** Krebs, **1961** 23.9.–1.10. Waage, 2.10.–24.10. Skorpion, **1962** 23.9.–11.10. Krebs, 12.10.–24.10. Löwe, **1963** Skorpion, **1964** Löwe, **1965**

* Siehe auch die Anmerkung zur Mondtabelle.

23.9.–3.10. Skorpion, 4.10.–24.10. Schütze, **1966** 23.9.–12.10. Löwe, 13.10.–24.10. Jungfrau, **1967** 23.9.–22.10. Schütze, 23.10.–24.10. Steinbock, **1968** Jungfrau, **1969** Steinbock, **1970** 23.9.–19.10. Jungfrau, 20.10.–24.10. Waage, **1971** Wassermann, **1972** 23.9.–30.9. Jungfrau, 1.10.–24.10. Waage, **1973** Stier, **1974** Waage, **1975** 23.9.–16.10. Zwillinge, 17.10.–24.10. Krebs, **1976** 23.9.–8.10. Waage, 9.10.–24.10. Skorpion, **1977** Krebs, **1978** Skorpion, **1979** 23.9.–24.9. Krebs, 25.9.–24.10. Löwe, **1980** 23.9.–11.10. Skorpion, 12.10.–24.10. Schütze, **1981** 23.9.–20.10. Löwe, 21.10.–24.10. Jungfrau, **1982** Schütze, **1983** 23.9.–29.9. Löwe, 30.9.–24.10. Jungfrau, **1984** 23.9.–4.10. Schütze, 5.10.–24.10. Steinbock, **1985** Jungfrau, **1986** 23.9.–8.10. Steinbock, 9.10.–24.10. Wassermann, **1987** 23.9.–8.10. Jungfrau, 9.10.–24.10. Waage, **1988** 23.9.–23.10. Widder, 24.10. Fische, **1989** Waage, **1990** Zwillinge, **1991** 23.9.–16.10. Waage, 17.10.–24.10. Skorpion, **1992** Krebs, **1993** 23.9.–26.9. Waage, 27.9.–24.10. Skorpion, **1994** 23.9.–4.10. Krebs, 5.10.–24.10. Löwe, **1995** 23.9.–20.10. Skorpion, 21.10.–24.10. Schütze, **1996** Löwe, **1997** 23.9.–28.9. Skorpion, 29.9.–24.10. Schütze, **1998** 23.9.–7.10. Löwe, 8.10.–24.10. Jungfrau, **1999** 23.9.–16.10. Schütze, 17.10.–24.10. Steinbock, **2000** Jungfrau, **2001** Steinbock, **2002** 23.9.–14.10. Jungfrau, 15.10.–24.10. Waage, **2003** Fische

Mars im Widder – DIREKTES EROBERUNGSSPIEL

Marsstärken Energisch, kühn, mutig, stolz
Marsschwächen Streitsüchtig, egoistisch

Sie haben einen tollen Mars! Als Herrscher des Widderzeichens, dessen Element zudem das Feuer ist, kann er sich hier so richtig entfalten. Diese Konstellation verleiht Feuer im Doppelpack, macht kämpferisch, mutig und furchtlos. Sie sind ein Draufgänger, ein Held und Abenteurer, jemand, der nicht lange fackelt, sondern nach seiner Fasson lebt und dafür sorgt, daß sein Wille geschehe.
Allerdings kann es sein, daß sich Ihr Mars (noch) »versteckt«, daß Sie sich und andere vor ihm schützen, ihn vielleicht unterdrücken oder verleugnen. Sie halten sich vielmehr für eine friedliche oder gehemmte Person. Das würde dann bedeuten, daß Sie Ihren Mars erst noch entdecken müssen. Vielleicht kennen Sie diese Kraft bisher nur als inneres Rumoren, als gelegentliches Beben, als völlig unerwarteten Wutausbruch. Möglicherweise steigt Ihnen Ihr Mars auch in den Kopf und macht sich dort schmerzhaft bemerkbar. Sie können jedenfalls sicher sein, daß dieser Mars zum Ausbruch drängt wie Feuer in einem Vulkan. Besser, Sie geben ihm rechtzeitig Raum und verschaffen sich so Luft! Was Ihnen hilft, ist eine Tätigkeit, die Ihnen möglichst viel Freiheit läßt. Erleichterung finden Sie auch über sämtliche aktiven Sportarten. Am wichtigsten aber ist, daß Sie mit der Zeit mehr und mehr zu Ihrem Mars stehen, sich mehr zutrauen, öfters mal über die Stränge schlagen und sich nicht selbst dafür tadeln, wenn Ihr »marsischer« Anteil über Sie kommt.

Mars-Check
Wie gut setze ich mich durch? Ich habe alle Voraussetzungen, um mich gut durchzusetzen.
Wie aggressiv macht mich mein Mars? Ich muß mich ausleben, sonst werde ich sehr aggressiv.
Wieviel Sexpower verleiht mir mein Mars? Wenn ich mich nicht selbst unterdrücke, habe ich jede Menge Sex.

Mars im Stier – GENUSSVOLLES EROBERUNGSSPIEL

Marsstärken Ausdauernd, zäh, sinnlich
Marsschwächen Jähzornig, gierig, stur

Mars im Stier bedeutet eine Verbindung von Feuer (denn Mars ist ein Feuerplanet) und Erde (denn Stier ist vom Element her Erde). Diese Kombination verleiht Ihnen die Stärke eines mittleren Erdbebens. Was Sie anpacken, ziehen Sie auch durch, denn Sie haben nicht nur Kraft, sondern sind auch zäh und ausdauernd. Ihr Feuer brennt nicht lichterloh (um dann rasch in sich zusammenzufallen), es gleicht einer beständigen Glut. Darüber hinaus bringt die Begegnung des »Sexplaneten« Mars mit dem Tierkreiszeichen Stier eine betont sinnliche Komponente in Ihr Dasein. Die dritte Haupteigenschaft dieser Marsposition ist ein enormer Erwerbstrieb: Ihr Lebtag arbeiten Sie für Sicherheit, Geld, ein Haus, Luxus und was auch immer. Sie sind dafür geboren, das Fleckchen Erde, auf dem Sie leben, in ein blühendes Paradies zu verwandeln.
Möglicherweise aber führt Ihr Mars ein Schattendasein, und Sie kennen ihn noch gar nicht richtig. Vielleicht schätzen Sie Ihr Leben überhaupt nicht als übermäßig sinnlich ein oder bezeichnen sich sogar als arm. Aber das heißt nur, daß Sie Ihren Mars noch nicht »gefunden« haben. Dennoch existiert er, seine kolossale Kraft, seine Sinnlichkeit und der Zug zu Reichtum schlummern in Ihnen.
Was Ihnen hilft, Ihren Mars zu »wecken«, ist körperliche Bewegung und Kontakt mit der Natur. Am wichtigsten aber ist, daß Sie an Ihren Mars glauben und in Ihrem Denken und Handeln Raum dafür schaffen.

Mars-Check

Wie gut setze ich mich durch? Wenn ich angegriffen werde, werde ich stark.
Wie aggressiv macht mich mein Mars? Ich kann furchtbar wütend werden, wenn man mich reizt.
Wieviel Sexpower verleiht mir mein Mars? Darüber muß man kein Wort verlieren – oder höchstens eines: viel …!

Mars in den Zwillingen – VERSPIELTES EROBERUNGSSPIEL

Marsstärken Gewandt, neugierig, vielseitig
Marsschwächen Unkonzentriert, zerstreut

Mars in den Zwillingen hilft Ihnen, ein unternehmerischer, vielseitig interessierter und talentierter Mensch zu sein. Diese Konstellation verleiht Ihnen ein Feuer, das mutig und unerschrocken macht. Mit Mars, dem Feuerplaneten, und Zwillinge, einem Luftzeichen, treffen zwei Elemente aufeinander, die eine sehr günstige Mischung ergeben: Feuer braucht Luft. Im übertragenen Sinne bedeutet Luft Kommunikation. Daraus folgt, daß Sie vitaler, lebendiger und feuriger werden, sobald Sie unter Menschen sind. Hingegen dämpft Alleinsein Ihr Temperament. Oder die Gedanken beginnen zu rotieren, und Sie können Ihren Kopf nicht mehr abschalten.

Ihre durch Mars in den Zwillingen gesteigerte Neugierde, Ihr Interesse an allem, läßt sich jedoch nur im Kontakt mit Ihrer Außenwelt ausreichend befriedigen.

Allerdings kann es auch sein, daß Sie Ihren Mars noch gar nicht richtig entdeckt haben und ihn daher nicht ausleben können. Ihr eigenes Leben kommt Ihnen vielleicht überhaupt nicht übermäßig interessant und abwechslungsreich, sondern eher ziemlich langweilig vor. Das hieße dann aber, daß Sie Ihren Mars schleunigst ans Licht holen sollten. In jedem Fall existiert diese lebendige Kraft in Ihnen. Daran gibt es keinen Zweifel.

Mars-Check

Wie gut setze ich mich durch? Verbal kann ich mich prima durchsetzen.

Wie aggressiv macht mich mein Mars? Ich schimpfe höchstens einmal kräftig.

Wieviel Sexpower verleiht mir mein Mars? Ich bin kein wildes Tier, aber ich habe viel Lust am Sex.

Mars im Krebs – GEFÜHLVOLLES EROBERUNGSSPIEL

Marsstärken Gefühlsstark, strebsam
Marsschwächen Nachlässig, »zickig«

Mars, der Feuerplanet, und Krebs, von seiner Energie her ein Wasserzeichen, treffen aufeinander. Das kann dazu führen, daß das Feuer zunächst einmal im Wasser erlischt. Dann ist man ein Mensch, der Schwierigkeiten hat, seinen Willen durchzusetzen, die Ellenbogen zu benutzen, sich zu behaupten – denn all dies sind Eigenschaften, die der Planet Mars verleiht. Zugleich ist man innerlich gespannt, spürt Wut, Frustration und Ungenügen, kann damit aber nicht richtig herausrücken.
Es gibt jedoch auch die Möglichkeit, den Mars im Krebs zu transformieren. Dabei gilt es zu akzeptieren, daß man zwar nicht so direkt und forsch handeln kann, wie man es bei einem ungebremsten Mars erwarten würde, dafür aber ein tiefes Gefühlsleben besitzt. Mit Mars im Krebs ist man in positivster Weise ein Mensch, der tief in sich hineinschaut und seine Seele (und auch die anderer) kennt. Wenn Sie Ihren Mars so leben und erleben, sind Sie ein rezeptiver, kreativer Mensch, einer, der durch sein Mitschwingen mit anderen und sein psychologisches Gespür am Ende genauso viel erreicht wie Menschen mit anderen Marspositionen.
Allerdings kann es auch sein, daß Ihr Mars noch ein Schattendasein führt. Sie schätzen ihn nicht und versuchen, ihn durch effektiveres Verhalten zu ersetzen. Nur funktioniert das so eben nicht: Am Ende werden Sie noch unsicherer sein.
Stehen Sie zu Ihrem Mars! Leben Sie Ihren Mars mit all seinen Widersprüchen. Betreiben Sie Weiterbildung in Sachen Psychologie. Das hilft Ihnen, sich selbst besser zu verstehen.

Mars-Check
Wie gut setze ich mich durch? Auf direktem Wege fällt es mir schwer, mich durchzusetzen.
Wie aggressiv macht mich mein Mars? Es braucht lange, bis ich wütend werde.
Wieviel Sexpower verleiht mir mein Mars? Wenn ich mich sicher fühle, bin ich sehr erotisch.

Mars im Löwen – IMPOSANTES EROBERUNGSSPIEL

Marsstärken Selbstbewußt, herzlich, stolz
Marsschwächen Selbstsüchtig, eitel

Sie haben einen besonders starken Mars, und das hat seinen guten Grund: Der feurige Planet Mars begegnet dem Löwen, einem dem Element Feuer zugehörenden Zeichen. Feuer trifft also auf Feuer, verdoppelt sich, wird zur lodernden Flamme. Da Feuer ein Symbol gleichermaßen für Tatkraft wie geistige Regsamkeit ist, müssen Sie ein dynamischer, unternehmungsfreudiger Mensch sein, dessen Wirken durchdrungen ist von geistiger Weitsicht und Größe. Ihren hohen Ansprüchen, mit denen Sie um die Durchsetzung Ihrer Ziele kämpfen, steht eine einnehmende Herzlichkeit und eine lockere, beinahe spielerische Haltung gegenüber. Man könnte meinen, Ihre Erfolge fallen Ihnen einfach in den Schoß. Aber Sie bekommen nichts »gratis«. Sie sind dem Leben und anderen Menschen gegenüber immer hilfsbereit und großzügig – und das gibt Ihnen das Leben zurück.
Sollten Sie sich in diesem Bild nicht finden und sich vom Leben eher benachteiligt als beschenkt fühlen, führt Ihr Mars ein Schattendasein. Sie haben ihn noch gar nicht richtig entdeckt und können ihn daher nicht ausleben.
Was Ihnen hilft, Ihren Mars zu »wecken«, ist Bewegung, Tanz, aktiver Sport. Vor allem aber müssen Sie direkter, spontaner und selbstbewußter werden. Sie müssen sich mit dem Mars in Ihrem Inneren verbinden – es ist alles da, was Sie brauchen.

Mars-Check

Wie gut setze ich mich durch? Damit habe ich überhaupt keine Probleme.
Wie aggressiv macht mich mein Mars? Ich bin nicht leicht aus der Ruhe zu bringen. Aber wenn es sein muß, kann ich richtig toben.
Wieviel Sexpower verleiht mir mein Mars? Starken Partnern schenke ich alles – Schwächlinge schläfern mich ein.

Mars in der Jungfrau – VERSTECKTES EROBERUNGSSPIEL

Marsstärken Geistig fit, vernünftig, aktiv, arbeitsmotiviert, fleißig
Marsschwächen Zwanghaft, überängstlich

Feuer und Erde verbinden sich bei der Konstellation Mars in der Jungfrau, einem Erdzeichen. Feuer und Erde zusammen wecken Aktivität, Arbeitswillen, Genauigkeit und Realitätssinn. Ihr Feuer gleicht einer anhaltenden Glut. Das macht Sie zu einem Menschen, der gern und gut arbeitet, ausdauernd und präzise ist, strategisch vorgeht und sich nicht unüberlegt in seine Arbeit stürzt. Mars in der Jungfrau macht auch vorsichtig. Das kann unter Umständen in Kleinlichkeit und Angst ausarten. Auch eine übertrieben kritische Haltung sich selbst und anderen gegenüber kann die Folge sein. Sie brauchen daher ein Ventil, etwas, das Ihnen erlaubt, Ihren Mars ohne zuviel Kontrolle und Analyse ausleben zu können, wie zum Beispiel Sport oder andere körperliche Aktivitäten. Auch riskante Freizeitbeschäftigungen (Paragliding, Klettern) sind für Sie und Ihren Mars geeignet: Sie passen nämlich gut auf sich auf – und Ihrem Mars ist Genüge getan. Das wiederum kommt, zusammen mit der Jungfrauenergie, Ihrem Schaffen zugute.
Sie sollten auch einen Weg finden, Ihre Wut und Ihre Verletzungen besser zu zeigen. Mit Mars in der Jungfrau neigt man nämlich dazu, seine Aggressionen zu unterdrücken und irgendwo zu »bunkern« – bis dann das Maß voll ist und man wegen einer Kleinigkeit »an die Decke geht«.

Mars-Check
Wie gut setze ich mich durch? Ich habe Probleme, mich durchzusetzen.
Wie aggressiv macht mich mein Mars? Ich brauche lange, bis ich explodiere.
Wieviel Sexpower verleiht mir mein Mars? Ich bin kein Hengst, aber auch keine Schnecke. Erfolg macht mich sexy.

Mars in der Waage – RAFFINIERTES EROBERUNGSSPIEL

Marsstärken Lebhaft, gesellig, charmant, beliebt, ausgleichend, korrekt
Marsschwächen Ausschweifend, untreu, unmäßig

Mit Ihrer Marsposition vereinigen sich Feuer (Mars) und Luft (Waage). Diese Kombination kommt beiden Elementen zugute und wertet sie auf. Sie sind daher ein leichter, »luftiger« Mensch von sanguinischem Temperament und besitzen die Gabe, andere rasch für sich einzunehmen. Ihr Auftreten ist charmant, einfühlsam, zuvorkommend. Ihr Mars in der Waage macht Sie auch zu einem Streiter für Frieden und Ausgleich. Wo immer Ungerechtigkeiten und Zwietracht herrschen, fühlen Sie sich aufgerufen, zu schlichten und zu versöhnen. Zuweilen bricht aber auch bei Ihnen Mars in all seiner Heftigkeit durch, nämlich dann, wenn Sie zu lange versucht haben, ihn zu kontrollieren und zu unterdrücken.
Mars in der Waage führt auch zu starker Denkarbeit. Sie glauben, alle Probleme mit dem Kopf lösen zu können. Wichtig ist, sich für Ihren Mars ein Ventil zu suchen. Man kann diesen Planeten nicht zu permanenter Friedfertigkeit veranlassen. Aber wenn Sie ihn anderweitig leben, beim Sport, bei abenteuerlicher Freizeitgestaltung, dann gelingt es Ihnen besser, Ihren Mars für Ihre friedlichen Missionen einzuspannen. Ein weiteres Plus Ihrer Marsposition ist ein guter Geschmack und künstlerisches Talent.

Mars-Check

Wie gut setze ich mich durch? Ich bin ein guter Taktiker.
Wie aggressiv macht mich mein Mars? Eigentlich bin ich sehr friedlich, aber manchmal explodiere ich schon wegen einer Kleinigkeit.
Wieviel Sexpower verleiht mir mein Mars? Sex habe ich genug. Aber ich suche mehr, und zwar geistiges Verstehen.

Mars im Skorpion – INBRÜNSTIGES EROBERUNGSSPIEL

Marsstärken Kraftvoll, ausdauernd, hartnäckig, leidenschaftlich, furchtlos und mutig
Marsschwächen Lasterhaft, rachsüchtig

Ihnen steht ein besonderer Mars, eine starke, vitale Kraft zur Seite. Sie sind ausgesprochen zäh, wenn es um die Verwirklichung eines Zieles geht, an dem Ihnen auch emotional liegt. Selbst Mühen und Unannehmlichkeiten, mit denen sich andere Menschen nicht belasten würden, nehmen Sie dann gern in Kauf. Nicht verwunderlich ist es, daß diese Hartnäckigkeit mitunter zu außerordentlichen Leistungen führt. Dennoch sind Sie kein Kraftprotz, einer, der die Muskeln spielen läßt und bei jeder Gelegenheit zeigen will, was er draufhat. Skorpion ist vom Element her ein Wasserzeichen. Die Kraft des Planeten Mars ist nicht auf äußere Wirkung aus. Seine Power geht nach innen. Diese Marsposition führt dazu, daß Sie instinktmäßig wissen, wann Ihr Einsatz wichtig ist, wann etwas Bedeutsames und Wichtiges ansteht und erledigt werden muß: Dann werden Sie zum »Helden«. Daher ist Ihnen zu raten, Herausforderungen zu suchen und anzunehmen. Nur dann steht Ihr Mars voll auf Ihrer Seite, während Sie sonst beinahe müde und lustlos sein können.
Ihr Mars neigt zur Zerstörung. Das ist immer dann gut, wenn etwas alt, verbraucht, überholt und ein neuer Anfang angezeigt ist. Aber hüten Sie sich vor mutwilliger Zerstörung! – Mit Mars im Skorpion verfügen Sie auch über eine kolossale Sexpower. Sie sind leidenschaftlich, triebstark und letztendlich beseelt von der Idee, für Nachwuchs zu sorgen.

Mars-Check
Wie gut setze ich mich durch? Ich bringe meine Power indirekt ein und setze so meinen Willen durch.
Wie aggressiv macht mich mein Mars? Ich kann alles zerstören.
Wieviel Sexpower verleiht mir mein Mars? Mehr als allen anderen.

Mars im Schützen – FEURIGES EROBERUNGSSPIEL

Marsstärken Schlagfertig, gerecht, begeisterungsfähig, klar und offen
Marsschwächen Streitbar, aggressiv, beleidigend

Mit Mars im Schützezeichen trifft Feuer wieder auf Feuer und wird zur lodernden Flamme: Ihr Mars zeigt sich mit besonderer Intensität. Da Feuer ein Symbol gleichermaßen für Tatkraft wie geistige Regsamkeit ist, müssen Sie ein dynamischer, unternehmungsfreudiger Mensch sein, dessen Wirken durchdrungen ist von geistiger Weitsicht und Größe. Ihr Handeln und Wirken wird stark von Idealen geleitet: von Gerechtigkeit, Ritterlichkeit und Fairneß. Sie sind leicht zu begeistern und – einmal in Schwung – kaum zu bremsen. Was Sie brauchen, ist ein Ziel, eine Hoffnung, eine Perspektive, sonst erlischt Ihr Feuer.
Allerdings kann es auch sein, daß Ihr Mars noch ein Schattendasein führt, daß Sie ihn noch gar nicht richtig entdeckt haben. Vielleicht meinen Sie, keineswegs feurig oder übermäßig aktiv zu sein, sondern erleben sich eher als passiven Zeitgenossen. Dies hieße dann, daß Sie einen Teil Ihres Selbst negieren – und sich auf die Suche nach Ihrem Mars begeben sollten.
Was Ihnen hilft, Ihren Mars zu »wecken«, ist Bewegung, Tanz, aktiver Sport und Reisen. Vor allem aber müssen Sie direkter, spontaner und selbstbewußter werden. Sie müssen sich mit dem Mars in Ihrem Inneren verbinden – es ist alles da, was Sie brauchen.

Mars-Check

Wie gut setze ich mich durch? Solange Fairneß herrscht, kann ich mich prima durchsetzen.
Wie aggressiv macht mich mein Mars? Ich bin nicht aggressiv, aber für eine gute Sache werde ich zum heiligen Krieger.
Wieviel Sexpower verleiht mir mein Mars? Sex bringt mich dem Himmel näher.

Mars im Steinbock – BERECHNENDES EROBERUNGSSPIEL

Marsstärken Verantwortungsvoll, geduldig, zäh, mutig, tatkräftig
Marsschwächen Eigenwillig, mißmutig

Mars im Steinbock führt zu einer Verbindung von Feuer und Erde, da der Steinbock zu den Erdzeichen zählt. Feuer und Erde zusammen wecken Arbeitswillen, Genauigkeit und Realitätssinn. Ihr Feuer brennt nicht lichterloh (um sich dann rasch zu verzehren), sondern lang anhaltend wie eine wohlgeschürte Glut. Das macht Sie zu einem Menschen, der gern und gut arbeitet, ausdauernd und präzise ist, strategisch vorgeht und sich nicht unüberlegt in seine Tätigkeiten stürzt. Mars im Steinbock macht auch extrem widerstandsfähig. Man kann Sie mit einem Diamantbohrer vergleichen, der sich in eine Sache unaufhaltsam hineinfrißt. Mars im Steinbock macht erfolgreich. Er verleiht Ihnen die entsprechende Motivation und ein Gespür für Machtverhältnisse.
Diese Konstellation bedeutet aber auch, daß sich Mars total wandeln muß. Aus einer impulsiven, feurigen, leicht erregbaren, leidenschaftlichen Energie wird eine kontrollier- und regelbare Kraft, die sich einer höheren Absicht fügt und dem Allgemeinwohl dient. Sie dürfen allerdings die ursprüngliche Qualität von Mars nicht vollständig verlieren. Das würde zu Aggressionsstau und unter Umständen sogar zu gesundheitlichen Problemen führen. Es ist also wichtig, sich für Ihren Mars ein Ventil zu suchen. Wenn Sie ihn anderweitig leben, beim Sport oder bei abenteuerlicher Freizeitgestaltung, dann gelingt es Ihnen besser, Ihren Mars für Ihre höheren Zwecke einzuspannen.

Mars-Check
Wie gut setze ich mich durch? Ich bin ein harter Arbeiter und schaffe alles, was ich will.
Wie aggressiv macht mich mein Mars? Normalerweise bin ich friedlich. Wer es aber drauf anlegt, wird mich kennenlernen.
Wieviel Sexpower verleiht mir mein Mars? Wenn die Verhältnisse stimmen, hole ich mir auch hier meine Gipfelerlebnisse!

Mars im Wassermann – GEISTREICHES EROBERUNGSSPIEL

Marsstärken Aufgeweckt, innovativ, selbständig, schöpferisch
Marsschwächen Prahlerisch, eingebildet

Mit Ihrer Marsposition vereinigen sich Feuer (Mars) und Luft (Wassermann). Diese Kombination kommt beiden Elementen zugute und wertet sie auf. Sie sind daher ein leichter, »luftiger« Mensch, der die Gabe besitzt, andere für sich einzunehmen. Ihr Auftreten ist charmant, einfühlsam und zuvorkommend.
Alltag, graues Einerlei, tägliche Routine erzeugen bei Ihnen eine Gänsehaut. Sie möchten Neues erschaffen, eingefahrene Gleise verlassen, originell und schöpferisch sein. Freiheit ist für Sie überaus wichtig. Sie arbeiten besser, wenn Sie nicht ständig jemand gängelt. Sie sind der geborene »Freelancer«. Ihr ausgeprägtes Improvisationstalent ermöglicht Ihnen, originelle und unkonventionelle Lösungen zu finden, wenn Sie nicht durch Vorgaben eingeschränkt werden. In Beziehungen wird es Ihnen ebenfalls schnell zu eng. Eine Ehe bereitet Ihnen (auch) Probleme, Sie fühlen sich unfrei, wie »eingesperrt«.
Vielleicht aber entspricht diese Charakterisierung nicht Ihrem Selbstbild: Weder schätzen Sie sich als unabhängig oder freiheitsliebend noch als übermäßig schöpferisch ein. Dann ist zu vermuten, daß Ihr Mars noch auf seine Entdeckung wartet. Machen Sie sich auf die Suche! Was Ihnen hilft, Ihren Mars zu »wecken«, ist Bewegung, vor allem Tanz. Noch wichtiger aber ist, unkonventioneller und spontaner zu werden. Sie müssen sich mit dem Mars in Ihrem Inneren verbinden – es ist alles da, was Sie benötigen.

Mars-Check
Wie gut setze ich mich durch? Ich bin genial, aber nicht unbedingt durchsetzungsstark.
Wie aggressiv macht mich mein Mars? Ich hasse aggressive Menschen.
Wieviel Sexpower verleiht mir mein Mars? Sex ist schön, aber er ist nicht alles.

Mars in den Fischen – SPHINXHAFTES EROBERUNGSSPIEL

Marsstärken Empfänglich, intuitiv, einfühlsam, kreativ
Marsschwächen Willensschwach, beeinflußbar, täuschbar

Der Feuerplanet Mars steht im Wasserzeichen Fische: Feuer und Wasser treffen aufeinander. Das kann dazu führen, daß das Feuer zunächst einmal ausgeht. Dann sind Sie jemand, der Schwierigkeiten hat, seinen Willen durchzusetzen, die Ellenbogen zu benutzen und sich zu behaupten – denn all dies sind marsische Eigenschaften. Gleichzeitig fühlen Sie sich jedoch innerlich gespannt, spüren Wut, Enttäuschung und Ungenügen, kommen damit aber nicht richtig heraus.
Es gibt jedoch auch die Möglichkeit, den Mars in den Fischen zu transformieren. Dazu muß man akzeptieren, daß man zwar nicht so direkt und forsch vorgeht, wie man es bei einem ungebremsten Mars erwarten würde, dafür aber eine andere Fähigkeit besitzt, nämlich ein kolossales Gespür. Das Fischezeichen ist seinem Wesen nach »transparent«, es besitzt keine klaren Grenzen, versetzt jemanden daher in die Lage, sich universell zu »vernetzen«. Man besitzt also eine Art sechsten Sinn, spürt andere Menschen, die sich nicht einmal in der Nähe aufhalten, ja, vermag sich sogar in die Zukunft zu »beamen«. Mars kann all diese Fähigkeiten noch steigern: Man wird zum paranormalen Individuum.
Wenn Sie Ihren Mars so in Ihr Leben integrieren, sind Sie ein Mensch, der durch sein Mitschwingen mit anderen und sein psychologisches Gespür am Ende genauso viel erreicht wie Menschen mit anderen Marspositionen.

Mars-Check

Wie gut setze ich mich durch? Damit habe ich Probleme. Versuche ich es dennoch, muß ich von der Sache hundertprozentig überzeugt sein.
Wie aggressiv macht mich mein Mars? Es dauert ewig, bis ich aus der Haut fahre.
Wieviel Sexpower verleiht mir mein Mars? Sex ist wunderbar, aber er ist nicht alles …

Das Jupiterhoroskop –
INNERLICH UND ÄUSSERLICH REICH UND ERFOLGREICH SEIN

Jupiterzeichen

Nachts, wenn Venus nicht mehr (oder noch nicht) am Himmel leuchtet, ist Jupiter einer der hellsten Sterne überhaupt. Kein Wunder daher, daß er unseren Vorfahren, die der Nacht in viel umfassenderem Maße ausgeliefert waren als wir heute in unserer künstlich erhellten Zeit, ein Symbol für Hoffnung, Trost, Stimmigkeit und Gerechtigkeit war. Oft verband man ihn mit der obersten Gottheit.
So auch in der griechischen Mythologie, auf die sich die Symbolik der Astrologie entscheidend bezieht. Jupiter heißt bei den Griechen »Zeus«, und über ihn gibt es unzählige Mythen. So war er es, der gegen seinen Vater Saturnus bzw. Kronos, den obersten der Titanen, antrat

und ihn besiegte. Saturnus hatte nämlich außer Zeus alle seine Nachkommen aufgefressen, weil ihm geweissagt worden war, daß ihn eines seiner Kinder vom Throne stoßen würde. Rheia, Zeus' Mutter, versteckte ihren Sohn vor dem Vater, und die Prophezeiung erfüllte sich: Zeus entthronte ihn und warf ihn in den Tartaros.

Andere Geschichten über Zeus/Jupiter erzählen eher Delikates. So gelüstete es den obersten Gott wie gesagt immer wieder nach weltlichen Frauen, die er durch List dazu brachte, mit ihm zu schlafen und Kinder von ihm zu empfangen. Bei Leda zum Beispiel verwandelte er sich in einen Schwan und zeugte mit ihr Pollux. Auch Herakles und Dionysos entstammten seinem gemeinsamen Lager mit sterblichen Frauen. Gezeugt durch den unsterblichen Jupiter, erlangten seine Kinder ebenfalls die Unsterblichkeit.

Die Position Jupiters im Horoskop verweist daher einerseits auf tiefe Einsichten: Jupiter sorgt dafür, daß uns »ein Licht aufgeht«, wir letzten Endes weise werden. Auf der anderen Seite verkörpert Jupiter eine Gestalt, der eine unendlich große Liebe zukommt. Sinnbildlich gesprochen, sehnt sich der Mensch danach, sich mit dem göttlichen Jupiter zu vereinigen, um Kinder (symbolisch für Ideen und Taten) zu gebären, die unsterblich sind.

Des weiteren repräsentiert Jupiter den großen Helfer und Heiler. Dort, wo er im Horoskop steht, findet der Mensch Kräfte, sich und andere zu trösten und zu stärken. Am bekanntesten ist Jupiter in der Astrologie aber deswegen, weil er das Glück verheißt.

DIE ERMITTLUNG DES JUPITERZEICHENS

Suchen Sie in der Jupitertabelle Ihren Geburtstag, und entnehmen Sie Ihre Jupiterposition, die Sie auf den entsprechenden Text im anschließenden Kapitel über die Jupiterzeichen verweist. (Siehe auch die Vorbemerkung am Beginn von Teil II dieses Buches.)

Die Jupitertabelle

1920* Jungfrau, **1921** 23.9.–25.9. Jungfrau, 26.9.–24.10. Waage, **1922** Waage, **1923** Skorpion, **1924** Schütze, **1925** Steinbock, **1926** Wassermann, **1927** Fische, **1928** Stier, **1929** Zwillinge, **1930** Krebs, **1931** Löwe, **1932** Jungfrau, **1933** Waage, **1934** 23.9.–10.10. Waage, 11.10.–24.10. Skorpion, **1935** Skorpion, **1936** Schütze, **1937** Steinbock, **1938** Wassermann, **1939** Widder, **1940** Stier, **1941** Zwillinge, **1942** Krebs, **1943** Löwe, **1944** Jungfrau, **1945** Waage, **1946** 23.9.–24.9. Waage, 25.9.–24.10. Skorpion, **1947** 23.9.–23.10. Skorpion, 24.10. Schütze, **1948** Schütze, **1949** Steinbock, **1950** Wassermann, **1951** Widder, **1952** Stier, **1953** Zwillinge, **1954** Krebs, **1955** Löwe, **1956** Jungfrau, **1957** Waage, **1958** Skorpion, **1959** 23.9.–5.10. Skorpion, 6.10.–24.10. Schütze, **1960** Schütze, **1961** Steinbock, **1962** Fische, **1963** Widder, **1964** Stier, **1965** Krebs, **1966** 23.9.–27.9. Krebs, 28.9.–24.10. Löwe, **1967** 23.9.–18.10. Löwe, 19.10.–24.10. Jungfrau, **1968** Jungfrau, **1969** Waage, **1970** Skorpion, **1971** Schütze, **1972** 23.9.–25.9. Schütze, 26.9.–24.10. Steinbock, **1973** Wassermann, **1974** Fische, **1975** Widder, **1976** 23.9.–16.10. Zwillinge, 17.10.–24.10. Stier, **1977** Krebs, **1978** Löwe, **1979** 23.9.–28.9. Löwe, 29.9.–24.10. Jungfrau, **1980** Jungfrau, **1981** Waage, **1982** Skorpion, **1983** Schütze, **1984** Steinbock, **1985** Wassermann, **1986** Fische, **1987** Widder, **1988** Zwillinge, **1989** Krebs, **1990** Löwe, **1991** Jungfrau, **1992** 23.9.–10.10. Jungfrau, 11.10.–24.10. Waage, **1993** Waage, **1994** Skorpion, **1995** Schütze, **1996** Steinbock, **1997** Wassermann, **1998** Fische, 1999 23.9.– 23.10. Stier, 24.10. Widder, **2000** Zwillinge, **2001** Krebs, **2002** Löwe, **2003** Jungfrau

*Siehe auch die Anmerkung zur Mondtabelle.

Jupiter im Widder – DAS GLÜCK DES FEUERS

Jupiterstärken Selbstvertrauen, Optimismus
Jupiterschwächen Prahlerei

Ihr Glück ist für Sie die Möglichkeit, Ihren Willen und Ihre Impulse spontan und unmittelbar umsetzen zu können. Sie sind ein Abenteurer – in Wirklichkeit wie im Geiste. Sie möchten wie Kolumbus die Welt entdecken. Und wie Einstein, Hildegard von Bingen oder Galileo Galilei den Gipfel menschlicher Erkenntnis erreichen. Wenn Sie sich bewegen, geistig wie körperlich, sind Sie Ihrem Schöpfer am nächsten. Stillstand hingegen weckt Resignation; Sie fühlen sich fern und ausgestoßen vom großen Ganzen. Durch Ihre optimistische und positive Weltauffassung sind Sie dafür bestimmt, anderen voranzugehen oder ihnen den Weg zu weisen. Denn Sie tragen eine Fackel des Lichts und der Wahrheit.
So schlummert auch ein Heiler und Prophet in Ihnen, der im Laufe Ihres Lebens geweckt werden will. Bevor Sie allerdings selber ein Lichtbringer sein können, werden Sie Persönlichkeiten suchen, die Ihnen auf Ihrem eigenen Weg ein Vorbild sind. Mit der Gabe, andere zu führen, müssen Sie behutsam umgehen. Hüten Sie sich, andere zu blenden oder sich über deren Unwissen zu erheben. Sie dürfen Ihre Demut nie verlieren, und Sie dürfen nicht vergessen, daß Sie selbst auch – und sogar zuallererst – ein Suchender sind.

Jupiter-Check
Wie habe ich Erfolg, inneres und äußeres Glück? Durch Handeln, Reisen, Unternehmungen, Initiativen.
Wie kann ich helfen und heilen? Durch tatkräftiges Unterstützen, Körpertherapie, Yoga, Sport, Wärme. Andere motivieren, ihnen Mut zusprechen.

Jupiter im Stier – DAS GLÜCK DER ERDE

Jupiterstärken Geduld, Großzügigkeit
Jupiterschwächen Bequemlichkeit

Ihr Glück liegt im ungestörten Genuß. Überfluß und Sicherheit bedeuten für Sie die Erfüllung Ihrer Wünsche. Natürlich würden Sie Ihr erstrebtes Glück, wenn es möglich wäre, herbeizaubern, aber Sie können auch warten. Wie ein Gärtner geduldig sät und die wachsenden Pflanzen hegt, damit sie zur vollen Größe gedeihen können, so überwachen Sie Ihr Hab und Gut, Ihre Anlagen und Talente und entwickeln sie zur vollen Reife.
Der Vergleich mit dem Gärtner ist auch in anderer Hinsicht passend. Denn Sie lieben die Natur. Eine Waldlichtung im Frühling erscheint Ihnen als Dom, und Sie sind Ihrem Schöpfer dort vielleicht näher als in einer Kirche. Die Natur zeigt Ihnen absolute Ordnung, Stimmigkeit und Erfüllung. Und Natur heilt. Sie heilt Sie, wenn Sie erschöpft oder krank sind. Sie brauchen sich nur unter einen Baum zu legen, und Sie fühlen sich sofort besser.
In der Natur finden Sie aber auch die Stoffe, um andere zu heilen. Nahrung, Heilkräuter, homöopathische Essenzen. Alles erhält durch Ihren Jupiter eine höhere Potenz, heilt und macht ganz. Sie sollten sich jedoch davor hüten, sich nicht im reinen Besitz zu verlieren: Ein Baum sammelt nicht die Erde, die ihn hält, er benützt sie, um in den Himmel zu wachsen.

Jupiter-Check
Wie habe ich Erfolg, inneres und äußeres Glück? Durch Geduld und Nähe zur Erde. Durch materiellen Wohlstand. Durch Liebe und Sinnlichkeit.
Wie kann ich helfen und heilen? Durch die Heilkräfte der Natur. Aber auch allein ihre Nähe beruhigt und heilt.

Jupiter in den Zwillingen – DAS SELBSTVERSTÄNDLICHE GLÜCK

Jupiterstärken Begeisterungsfähigkeit
Jupiterschwächen Ruhelosigkeit

Ihr Glück finden Sie im Alltäglichen, auf einem Wochenmarkt, im Zug, bei einer Unterhaltung mit Freunden und Bekannten. Aber auch zu Menschen, die Sie noch nicht kennen, finden Sie rasch einen Bezug und große Nähe. Dieses »kleine Glück« bedeutet Ihnen wesentlich mehr als die Suche nach großer und absoluter Erfüllung.
Sie haben eine enorme sprachliche Begabung und werden in Ihrem Leben bestimmt mehrere Sprachen lernen. Sie können auch gut schreiben und sprechen.
Um sich wohl zu fühlen, brauchen Sie die Geselligkeit, den verbalen Austausch und die lebendige Kommunikation. Unter Menschen finden Sie zu sich und fühlen sich aufgehoben im Ganzen der Schöpfung. Allein hingegen verlieren Sie Ihre innere Sicherheit und den tiefen Glauben, daß alles sinnvoll und von höherem Willen getragen ist. Daher ist es auch Ihre Aufgabe, Menschen miteinander zu verbinden, damit sie sich nicht als Individuen erfahren, die wie Robinson Crusoe »allein auf einer Insel« leben. Der Mensch ist ein soziales Wesen. Er wächst in einer Familie auf, schafft sich später seine eigene Familie, seine Arbeitswelt, seine Freunde. Selbst wenn er die Erde verläßt, geht er nicht in die Einsamkeit, sondern dorthin, wo sich immer schon alle aufhalten. Sie sind auf der Welt, um Menschen aus ihrer Einsamkeit zu befreien, in die sie irrtümlicherweise geraten sind.

Jupiter-Check
Wie habe ich Erfolg, inneres und äußeres Glück? In den »kleinen«, alltäglichen Dingen, die um Sie herum sind. Und in der Begegnung mit anderen.
Wie kann ich helfen und heilen? Durch gute Worte, aufmunternden Zuspruch, durch Zuhören und Teilnahme. Durch Schaffen von Verbindungen.

Jupiter im Krebs – DAS GLÜCK DES FÜHLENS

Jupiterstärken Suggestivwirkung, Phantasie
Jupiterschwächen Gefühlspathos, Mißbrauch

Glück finden Sie in Ihren eigenen und in den Gefühlen anderer. Auch Musik oder ein Gedicht weckt ein Ahnen, das Sie Ihrem Schöpfer näherbringt. Gott ist Ihrer Meinung nach ein Gefühl der Verschmelzung mit dem Strom, aus dem alles kommt, und dem Ozean, in den alles mündet.
Man könnte Sie auch einen »Seelentaucher« nennen, denn Ihre liebste Beschäftigung ist, in Ihre eigene oder die Seele anderer Menschen zu tauchen. Eine gesunde und heile Psyche ist für Sie unerläßlich, um zufrieden zu sein. Daher wenden sich auch andere Menschen an Sie, weil sie instinktiv spüren, daß Sie ihnen dabei helfen können, die eigene Seele zu heilen. So betrachtet sind Sie ein Lichtbringer, der anderen Frieden schenkt.
In der Familie sehen Sie den Anfang allen Glücks – aber auch den Anfang allen Elends. Sie werden daher nicht müde, die heile, sinnstiftende, ganzheitliche, befreiende Familie zu postulieren. In diesem Zusammenhang ist eines sehr wichtig: Sosehr Sie die Familie lieben, so fern liegt es Ihnen, nur Ihr eigenes Nest zu bewundern. Ganz im Gegenteil, fremde Sitten und Gewohnheiten sind Ihnen ebenso wichtig wie die eigenen. Am liebsten würden Sie in einer Gemeinschaft leben, die von Menschen der unterschiedlichsten Herkunft getragen wird.
Geborgenheit ist für Sie kein leeres Wort, sondern ein anderer Ausdruck für Erfüllung, Heimat, Göttlichkeit und Ewigkeit. Wie ein Seismograph erspüren Sie daher Unstimmigkeiten in Ihrer Umgebung, die Disharmonie verursachen und den Frieden stören können. Ihre großen heilerischen Fähigkeiten ermöglichen es, solche Dissonanzen zur Auflösung zu bringen. Hüten Sie sich aber davor, als Retter aufzutreten. Sie sind stark, wenn Sie gewisse Dinge einfach nur geschehen lassen.

Jupiter-Check
Wie habe ich Erfolg, inneres und äußeres Glück? Im Fühlen, in der Liebe, im Geben, in der Familie, in der Vergangenheit, bei den Ahnen.
Wie kann ich helfen und heilen? Durch aufdeckende Gespräche und Begleiten.

Jupiter im Löwen – DAS GLÜCK DER FREUDE

Jupiterstärken Herzenswärme, Großmut
Jupiterschwächen Eitelkeit, Dünkel

Glück bedeutet für Sie, die Möglichkeit zu haben, spontan und großzügig schenken zu können. Äußere Werte sind Ihnen deshalb nicht unwichtig, denn nur wer hat, kann geben. Aber Sie sind absolut kein Materialist, im Gegenteil: Wenn Sie nach Macht und Einfluß streben, dann nicht in erster Linie um persönlicher Vorteile willen, sondern weil Sie überzeugt sind, mit Ihrem Eintreten für Ihre Werte einen wichtigen Beitrag für die Allgemeinheit leisten zu können. Geben und großzügig sein zu können sind für Sie wesentliche Eigenschaften. Aber dieses Geben bezieht sich auf ganz andere Dinge als auf Geld und schöne Geschenke: In Ihnen lebt auch die Göttin der Muse, die nur geweckt werden möchte, um andere zu erfreuen, zu unterhalten, zu erheben. Als Künstler, Maler, Musiker, Bildhauer, Poet – darin steckt Ihre größte Erfüllung. Sie müssen jedoch nicht bühnenreif singen oder druckreif schreiben können, um Ihrer Bestimmung als »göttlicher Unterhalter« gerecht zu werden. Wo immer Sie unter Menschen sind, verbreiten Sie Ihren Optimismus. So liegt denn Ihre Bestimmung auch darin, anderen die Freude am Leben zu zeigen.
Wovor Sie sich hüten müssen, ist Ihr Stolz. Sie können nur schwer Kritik ertragen. Und wenn sich andere von Ihnen abwenden, erleben Sie das immer als persönlichen Affront. Bleiben Sie heiter! Tragen Sie das Feuer der Freude unter die Menschen! Aber achten Sie darauf, daß Sie niemanden damit verbrennen!

Jupiter-Check
Wie habe ich Erfolg, inneres und äußeres Glück? Durch lebendige Teilnahme am Leben. Durch Großzügigkeit. Durch die Kraft der Heiterkeit.
Wie kann ich helfen und heilen? Zeigen Sie anderen das Leben, wie Sie es wahrnehmen, als nährenden Urgrund, als göttlichen Spielplatz.

Jupiter in der Jungfrau – DAS GLÜCK DER GESUNDHEIT

Jupiterstärken Engagement, Bescheidenheit
Jupiterschwächen Zersplitterung

Glück ist für Sie die einfachste Sache der Welt, es liegt vor der Tür, es muß nur gefunden und aufgehoben werden. Sie sind daher auch kein Freund großangelegter und sich ewig hinziehender Expeditionen auf der Suche nach dem Glück. Entweder es ist hier – oder nirgends. Manchmal finden Sie das Glück in der Arbeit. Es stimmt Sie völlig zufrieden, wenn Dinge passen oder richtig ineinandergefügt sind und am Schluß eine Maschine läuft oder ein bestimmtes Programm Ergebnisse liefert. Manchmal finden Sie Ihr Glück in der Ordnung: Insbesondere die Natur ist Ihnen darin ein genialer Lehrmeister. Die Folge der Jahreszeiten, das Ineinandergreifen von Phasen des Wachstums und der Stagnation – das alles ist für Sie ein Ausdruck göttlicher Ordnung, die sich in Geschehnissen am Himmel tagtäglich und jahraus, jahrein wiederholt. Auf besondere Weise faszinieren Sie aber die Vorgänge im menschlichen Körper. Dieses tagtägliche Wunder von Nahrungsaufnahme und Verwandlung in Leben, das Ineinandergreifen von Atmung und dem Schlagen des Herzens, das alles ist für Sie ein sinnhafter Beweis göttlichen Wirkens.
Ihr Wissen über die Natürlichkeit und Göttlichkeit des menschlichen Seins befähigt Sie daher zum Heiler. Dafür müssen Sie nicht gleich Arzt, Heilpraktiker oder Psychotherapeut sein. Allein durch Ihre Nähe und Ihr Bewußtsein bewirken Sie bei anderen kleine Quantensprünge. Je weiter Sie selbst sind, um so eher können Sie anderen ein Vorbild sein. Wovor Sie sich hüten müssen, ist, Ihr wertvolles Wissen zu mißbrauchen. Wirken Sie durch Ihr gutes Beispiel und nicht durch Druck und Besserwisserei!

Jupiter-Check
Wie habe ich Erfolg, inneres und äußeres Glück? Im alltägliche Tun. In der Arbeit. Im Gefühl der Ordnung.
Wie kann ich helfen und heilen? Durch bewußte Ernährung. Durch Studium von Körper und Geist. Durch Lernen von der Natur.

Jupiter sorgt dafür, daß uns ein Licht aufgeht

Jupiter in der Waage – DAS GLÜCK DER LIEBE

Jupiterstärken Toleranz, Lebenskünstler
Jupiterschwächen Eitelkeit, Genußsucht

Glück finden Sie in der Kraft der Liebe. Sie müssen nicht einmal selbst daran unmittelbar beteiligt sein. Auch wenn andere Menschen die Liebe finden, fühlen Sie sich angenommen, zu Hause, eins mit der Schöpfung. Noch göttlicher ist es natürlich, wenn die Liebe Sie selbst betrifft ... Auf einer Wolke schweben Sie, im Paradies sind Sie, im Himmel ... Liebe ist Ihrer Meinung nach Ursprung und Ziel allen Seins. Gott ist die Liebe, und das Leben entspringt aus ihr. Der Liebe geben Sie alles. Umgekehrt beschenkt Sie die Liebe auch. Sie erhalten die Fähigkeit, andere tief zu berühren, sie zu trösten, zu erfreuen und aufzubauen. Ihre Liebe ermöglicht es Ihnen, unterschiedliche Tendenzen und Wünsche aufzunehmen und in Einklang zu bringen. Sie finden immer wieder tragfähige Kompromisse, bei denen niemand der Verlierer ist. Ihr sicheres Geschick prädestiniert Sie für viele Tätigkeiten und Berufe, bei denen es auf Vermittlerqualitäten ankommt, zum Beispiel in der Politik, wenn es darum geht, Menschen mit den unterschiedlichsten Meinungen an einen Tisch zu bringen.
Auch der Kunst gehört Ihr Herz. Allerdings zählt für Sie nur das zur Kunst, was von Liebe getragen ist und Harmonie und Stimmigkeit ausdrückt. Im Grunde genommen schlummert in Ihnen selbst ein Künstler, der darauf wartet, seine Fähigkeiten zum Fließen bringen zu können.
Wovor Sie sich hüten müssen, ist, sich von Liebe und Harmonie einlullen zu lassen. Alles im Leben hat zwei Seiten. Zur Liebe gehört Auseinandersetzung und zur Harmonie Spannung. Nur wenn Sie das Gleichgewicht zwischen Harmonie und Spannung finden, ergibt sich vollendete Liebe.

Jupiter-Check
Wie habe ich Erfolg, inneres und äußeres Glück? Indem Sie verzeihen, lieben, empfangen und geben.
Wie kann ich helfen und heilen? Allein Ihre Nähe heilt.
Ihre Berührungen sind Labsal für Körper, Seele und Geist.

Jupiter im Skorpion – DAS GLÜCK DER TIEFE

Jupiterstärken Tiefgründigkeit, Spiritualität
Jupiterschwächen Exaltiertheit, Despotentum

Glück findet sich Ihrer Meinung nach auf dem Grund aller Dinge, nicht an der Oberfläche. Dieses Wissen haben Sie mit in die Welt gebracht. Es ist die Wahrheit, die Ihnen Ihr Jupiter verkündet und die Sie Ihrerseits weiterverbreiten. Sie kennen die Höhen und Tiefen menschlicher Existenz, und Sie lassen sich nicht blenden vom sogenannten schönen Schein.
Was die Welt wirklich zusammenhält, ist der ewige Kreislauf von Zeugung, Geburt, Leben und Tod. Alles war schon immer – und alles wird immer sein ... Daher nehmen Sie sich in besonderer Weise solcher Dinge an, die ausgegrenzt wurden aus diesem ewigen Kreislauf, aber unbedingt mit dazugehören. Zum Beispiel ist für Sie der Schatten ein notwendiger Teil des Lichts. Sie fühlen sich deshalb veranlaßt, sich für Schwächere einzusetzen oder aus der Gesellschaft Ausgeschlossene zu unterstützen. Sie wissen instinktiv, daß es dem Leben schadet, wenn nicht alle seine Seiten integriert werden. In Ihnen lodert das heilende Feuer Jupiters besonders stark und leidenschaftlich. Wie Pollux einst seinem toten Bruder Castor in die Unterwelt folgte, um bei ihm zu sein, sind Sie bereit, die größten Unannehmlichkeiten auf sich zu nehmen, damit das Leben keinen Teil verliert. Sie sind daher der geborene Retter und Heiler, unabhängig davon, ob Sie diese Gaben in einem Beruf ausüben oder sie als selbstverständlichen Beitrag in Ihren Alltag einbringen.
Wovor Sie sich allerdings hüten sollen, ist, sich über das Schicksal zu stellen oder zu versuchen, ein unangenehmes, aber wichtiges Ereignis »ungeschehen« zu machen.

Jupiter-Check
Wie habe ich Erfolg, inneres und äußeres Glück? Durch Hinterfragen, In-die-Tiefe-Gehen, Abwarten und einfach Sein.
Wie kann ich helfen und heilen? Indem Sie sich derer annehmen, die von anderen Menschen ausgegrenzt werden.

Jupiter im Schützen – DAS GLÜCK DER HOFFNUNG

Jupiterstärken Idealismus, Expansion
Jupiterschwächen Schwärmerei, Naivität

Glück ist für Sie, unterwegs zu sein, auf Rädern, im Flugzeug, im Zug, auf dem Schiff. In Ihnen lebt die Geschichte aller fahrenden Völker, der Nomaden und Zigeuner, der Boten, herumziehenden Bader, Gaukler, Barden und Geschichtenerzähler. Letztlich ist es die große Suche, die Sie leitet und führt, die Suche nach dem ewigen Gral, nach Erleuchtung, nach der blauen Blume, nach der Quintessenz der Alchimie. Glaube ist für Sie Sehnsucht, Gott findet sich immer anderswo, auf dem Weg zu sein ist für Sie das Ziel.
So verbreiten Sie die Wahrheit des Vielen und nicht die des Einen. Deswegen sind Sie so tröstlich für diese Welt: Denn Sie kennen immer noch einen Weg, sehen stets eine weitere Möglichkeit. Nichts ist für Sie aussichtslos, viele Wege führen nach Rom, und kein Problem ist so groß, daß es nicht doch eine Lösung dafür gäbe.
Das Feuer, das Ihnen Jupiter in die Hände gibt, heißt »Hoffnung«, und wo immer Sie sind, keimt dieses Gut wie Samen in der Erde. Gegen Hoffnungslosigkeit, Borniertheit und Menschen, die anderen keine Chancen lassen, ziehen Sie regelrecht ins Feld. Auf Ihrem Banner stehen Gerechtigkeit und Menschenwürde, das sind Ihre fundamentalen Anliegen, für die Sie sich vehement einsetzen.
Wovor Sie sich hüten müssen, ist, das Kind mit dem Bade auszuschütten. In Ihrem heilsamen Krieg gegen die Blindheit der Menschen laufen Sie Gefahr, selbst blind und einseitig zu werden.

Jupiter-Check
Wie habe ich Erfolg, inneres und äußeres Glück? Durch die immerwährende Suche nach Sinn und Göttlichkeit.
Wie kann ich helfen und heilen? Durch Ihre hoffnungsvolle Art, Ihren Trost, Ihren Humor, Ihren Witz ...

Jupiter im Steinbock – DAS GLÜCK DES WISSENS

Jupiterstärken Führungsqualität, Ausdauer
Jupiterschwächen Lehrmeisterei

Glück ist für Sie, Ihre Arbeit getan zu haben und Ruhe und Sammlung dankbar zu genießen, ähnlich der Erde, die nach einer Phase der Dürre Regen dankbar aufnimmt. Glück ist für Sie aber auch, sich einer Sache vollständig zu verschreiben, ihr zu gehören, bis sie vollbracht ist. Darin gleichen Sie einem Bergsteiger, der nicht eher ruht, bis er auf dem Gipfel steht – und dort nach dem nächsten Ausschau hält. Sie sind daher ein Mensch, der sich selbst immer wieder antreiben und motivieren kann – nach höheren, größeren Zielen strebt.
Genauso können Sie anderen Vorbild und eine große Hilfe sein, zum Beispiel verzagten und ängstlichen Menschen. Sie sind auch eine Führungspersönlichkeit. Nicht eine, die durch große Reden andere zu beeindrucken sucht. Sie werden auch niemals andere voranschicken und selbst im Hintergrund warten. Sondern Sie gehen ihnen voraus. Um das zu leisten, was Sie sich vornehmen, brauchen Sie Kraft, Ausdauer, Zähigkeit. Daher trainieren Sie diese Eigenschaften, um sie zu verbessern.
Sie sind hart zu sich selbst, weil Sie wissen, daß Sie sich nicht schonen dürfen, wenn Sie Ihre Ziele erreichen wollen. Die gleiche Einstellung erwarten Sie allerdings auch von anderen, was manchmal dazu führt, daß diese Sie fürchten und Ihnen aus dem Weg gehen. Daher ist es für Sie wichtig zu erkennen, daß nicht alle Menschen aus dem gleichen (harten) Holz geschnitzt sind. Entwickeln Sie Geduld, Nachsicht und Toleranz für Ihre Mitmenschen, und Sie werden eines Tages den höchsten Berg bezwingen – den Berg der Weisheit.

Jupiter-Check
Wie habe ich Erfolg, inneres und äußeres Glück? Durch Arbeit und Übernahme von Verpflichtungen. Durch Demut. Durch Anstrengung und Leistung.
Wie kann ich helfen und heilen? Durch vorbildliches Verhalten. Durch richtige Führung.

Jupiter im Wassermann – DAS GLÜCK DES FORTSCHRITTS

Jupiterstärken Humanismus, Toleranz
Jupiterschwächen Autoritätskonflikte

Glück ist für Sie das Gefühl, vorwärtszuschreiten, nicht stehenzubleiben, sondern Ihren Idealen von einer besseren, gerechteren, liebevolleren Welt näherzukommen. Sie sind ein Utopist, beseelt von der Vorstellung einer Welt von morgen, in der Armut, Krankheit und anderes Leid überwunden sein werden. Und Sie unterstellen sich selbst dem Fortschritt, arbeiten für ihn, kämpfen für ihn.
Es geht Ihnen jedoch nicht allein um Ihre eigene Zukunft. Sie sind auch ein Menschenfreund, der immer an das Gute glaubt. Sie verfügen über ein großes soziales Verantwortungsbewußtsein. Und Sie suchen immer wieder nach neuen Aufgaben, bei denen Sie Schwächeren und Benachteiligten helfen können. Dabei unterstützen Sie die Eigenverantwortung und Autonomie jedes Menschen. Denn Sie wollen kein Helfer oder Missionar sein, der anderen in ihrer Not zwar hilft, sie aber in ihrer Unmündigkeit beläßt.
Ungleichheit zwischen den Menschen hassen Sie mehr als alles andere. Es fällt Ihnen daher auch schwer, unter einer straffen Hierarchie zu arbeiten und zu leben. Sie dulden keinen über, aber auch niemanden unter sich.
Das Feuer, das Ihnen Jupiter überreicht, ist die Kraft und Ihr Glaube an eine positive Zukunft. Das macht Sie für diese Welt besonders wichtig. Denn Ihrem Willen, Ihren Visionen ist es zu verdanken, daß wir uns immer weiterentwickeln und nicht stehenbleiben.
Von emotional geäußerter Kritik oder Ablehnung lassen Sie sich nicht irritieren, sondern arbeiten beharrlich an der Erreichung eines einmal gesetzten Zieles weiter.
Wovor Sie sich in acht nehmen müssen, ist, daß Sie das Alte nicht völlig verwerfen. Sie berauben sich sonst Ihrer eigenen Wurzeln. Dann ist aber auch der Fortschritt eine Illusion.

Jupiter-Check
Wie habe ich Erfolg, inneres und äußeres Glück? Durch Arbeit an einer besseren Zukunft.
Wie kann ich helfen und heilen? Durch Vermitteln von neuen Perspektiven. Durch solidarische Unterstützung. Durch Veränderung.

Jupiter in den Fischen – DAS GLÜCK DES SEINS

Jupiterstärken Liebe, Mitgefühl, Intuition
Jupiterschwächen »Helfersyndrom«

Glück bedeutet für Sie, eins zu sein mit der Schöpfung, so wie ein Tropfen, der ins Meer fällt, im Meer eins wird mit dem Ganzen. Ihr Leben richtet sich vollkommen nach dem Ideal der Selbstlosigkeit und dem Zurückstellen eigener Bedürfnisse hinter das Wohlergehen des größeren Ganzen.

Ihr Engagement für eine bessere, humanere, liebevollere Welt macht auch vor eigenen Konsequenzen nicht halt, und es kann sein, daß Sie, weil Sie beispielsweise Tiere als beseelt betrachten, kein Fleisch mehr essen. In besonderer Weise gilt Ihr Schutz all jenen, die selbst nicht in der Lage sind, sich zu schützen: Kindern, Kranken oder auch Tieren. Soziales Engagement ist für Sie kein Schlagwort, sondern ein selbstverständlicher Teil des Lebens.

Ihr Jupiter macht Sie sensibel für Ungerechtigkeit und Lieblosigkeit; und er schenkt Ihnen die Kraft und Fähigkeit, entsprechende Mißstände zu mildern. Sei es, daß Sie ein Arzt oder ein Krankenpfleger werden oder einer Umweltorganisation beitreten. Jupiter verleiht Ihnen eine besondere Magie, die Leid und Traurigkeit auflöst. Sie tun aber auch gut daran, diese besondere Fähigkeit weiterzuentwickeln, indem Sie Heilpraktiker werden oder sich mit Dingen beschäftigen, die Ihre Neigungen fördern.

Da Sie Ihre Aufmerksamkeit oft auf ferne Ideale legen, welche für Sie auch mit tiefempfundenen Gefühlen verbunden sind, macht Ihnen die Bewältigung des Naheliegenden und der Umgang mit der unmittelbaren, konkreten Wirklichkeit mitunter etwas Mühe. Des weiteren ist es wichtig, daß Sie sich als Helfer nicht mißbrauchen lassen. Sie sollten daran arbeiten, sich deutlicher abgrenzen zu können.

Jupiter-Check

Wie habe ich Erfolg, inneres und äußeres Glück? Durch Hingabe an das, was ist. Durch Liebe des Ganzen.

Wie kann ich helfen und heilen? Sie besitzen große heilerische Fähigkeiten, die Sie nur zum Fließen bringen müssen.

Das Saturnhoroskop – ZUM LEUCHTENDEN DIAMANTEN WERDEN

In der Astrologie gilt Saturn weithin als Übeltäter, als Verkörperung des Schlechten und Bösen. Er scheint es darauf abgesehen zu haben, uns das Leben so schwer wie irgend möglich zu machen. Wie der Drache im Märchen verkörpert er Gefahr, Schrecken, ja, zuweilen sogar den Tod. Daher finden sich alte Abbildungen, auf denen Saturn als Skelett mit Sense zu sehen ist, das alles erbarmungslos niedermäht. Saturn kennt kein Mitleid, keine Gnade. Er wirft den Menschen ihr Schicksal vor die Füße – und es bleibt nichts anderes, als es zu nehmen und zu tragen.
Aber es existiert doch auch eine andere, eine positive Seite. Wenn Saturn einen plagt, schikaniert, an den Abgrund heranführt, dann hilft er ebenso, sich gegen die Unbilden des Schicksals zu wappnen. Saturn bietet daher die Chance, stark zu werden. Er »schmiedet« den Menschen, macht ihn hart, widerstandsfähig, ausdauernd. Wer immer etwas Großes erreicht in seinem Leben, der schafft es mit Hilfe Saturns und seiner (oft) grausamen Wechselbäder. Dort, wo in unserem Horoskop der Planet Saturn steht, müssen wir also lernen, in die Schule gehen, dort werden wir gestreckt und zusammengeschoben, kritisiert und tyrannisiert, trainiert und behindert – bis wir Perfektion erlangen. Perfektion, Vollkommenheit, Reinheit – vom Rohling zum Diamanten: So läßt sich das Wirken Saturns zusammenfassen.
Und dennoch geht es dabei keineswegs ausschließlich um Härte, Ausdauer, Übung, Verzicht und unermüdliches Arbeiten an sich selbst. Der Weg zur Vollkommenheit führt unmittelbar am Fluß der Gnade entlang. Die Arbeit mit und durch Saturn besteht nicht nur aus Ehrgeiz und läuft auch nicht allein nach dem Motto »Gelobt sei, was hart macht!« Vielmehr schließt der Weg zur Vollendung ebenso Demut mit ein. Saturn ist kein kalter, gemeiner, fordernder Feind, dem gegenüber es sich nur zu wappnen und zu rüsten gilt. Er verlangt – nein, er verdient – auch Ehrfurcht und Liebe.

DIE ERMITTLUNG DES SATURNZEICHENS

Suchen Sie in der folgenden Saturntabelle Ihren Geburtstag, und entnehmen Sie Ihr Saturnzeichen, das Sie auf den entsprechenden Text im Anschluß verweist. (Siehe auch die Vorbemerkung am Beginn von Teil II dieses Buches.)

Die Saturntabelle

1920* Jungfrau, **1921** 1.1.–8.10. Jungfrau, 9.10.–31.12. Waage, **1922** Waage, **1923** 1.1.–20.12. Waage, 21.12.–31.12. Skorpion, **1924** 1.1.–6.4. Skorpion, 7.4.–14.9. Waage, 15.9.–31.12. Skorpion, **1925** Skorpion, **1926** 1.1.–2.12. Skorpion, 3.12.–31.12. Schütze, **1927–1928** Schütze, **1929** 1.1.–15.3. Schütze, 16.3.–5.5. Steinbock, 6.5.–30.11. Schütze, 1.12.–31.12. Steinbock, **1930–1931** Steinbock, **1932** 1.1.–23.2. Steinbock, 24.2.–13.8. Wassermann, 14.8.–19.11. Steinbock, 20.11.–31.12. Wassermann, **1933–1934** Wassermann, **1935** 1.1.–14.2. Wassermann, 15.2.–31.12. Fische, **1936** Fische, **1937** 1.1.–24.4. Fische, 25.4.–18.10. Widder, 19.10.–31.12. Fische, **1938** 1.1.–13.1. Fische, 14.1.–31.12. Widder, **1939** 1.1.–5.7. Widder, 6.7.–23.9. Stier, 24.9.–31.12. Widder, **1940** 1.1.–19.3. Widder, 20.3.–31.12. Stier, **1941** Stier, **1942** 1.1.–9.5. Stier, 10.5.–31.12. Zwillinge, **1943** Zwillinge, **1944** 1.1.–19.6. Zwillinge, 20.6.–31.12. Krebs, **1945** Krebs, **1946** 1.1.–2.8. Krebs, 3.8.–31.12. Löwe, **1947** Löwe, **1948** 1.1.–18.9. Löwe, 19.9.–31.12. Jungfrau, **1949** 1.1.–3.4. Jungfrau, 4.4.–29.5. Löwe, 30.5.–31.12. Jungfrau, **1950** 1.1.–20.11. Jungfrau, 21.11.–31.12. Waage, **1951** 1.1.–7.3. Waage, 8.3.–13.8. Jungfrau, 14.8.–31.12. Waage, **1952** Waage, **1953** 1.1.–22.10. Waage, 23.10.–31.12. Skorpion, **1954–1955** Skorpion, **1956** 1.1.–12.1. Skorpion, 13.1.–14.5. Schütze, 15.5.–9.10. Skorpion, 10.10.–31.12. Schütze, **1957–1958** Schütze, **1959** 1.1.–5.1. Schütze, 6.1.–31.12. Steinbock, **1960–1961** Steinbock, **1962** 1.1.–3.1. Steinbock, 4.1.–31.12. Wassermann, **1963** Wassermann, **1964** 1.1.–23.3. Wassermann, 24.3.–17.9. Fische,

* Siehe auch die Anmerkung zur Mondtabelle.

18.9.–15.12. Wassermann, 16.12.–31.12. Fische, **1965–1966** Fische, **1967** 1.1.–3.3. Fische, 4.3.–31.12. Widder, **1968** Widder, **1969** 1.1.–29.4. Widder, 30.4.–31.12. Stier, **1970** Stier, **1971** 1.1.–18.6. Stier, 19.6.–31.12. Zwillinge, **1972** 1.1.–10.1. Zwillinge, 11.1.–21.2. Stier, 22.2.–31.12. Zwillinge, **1973** 1.1.–1.8. Zwillinge, 2.8.–31.12. Krebs, **1974** 1.1.–7.1. Krebs, 8.1.–18.4. Zwillinge, 19.4.–31.12. Krebs, **1975** 1.1.–16.9. Krebs, 17.9.–31.12. Löwe, **1976** 1.1.–14.1. Löwe , 15.1.–4.6. Krebs, 5.6.–31.12. Löwe, **1977** 1.1.–16.11. Löwe, 17.11.–31.12. Jungfrau, **1978** 1.1.–5.1. Jungfrau, 6.1.–25.7. Löwe, 26.7.–31.12. Jungfrau, **1979** Jungfrau, **1980** 1.1.–20.9. Jungfrau, 21.9.–31.12. Waage, **1981** Waage, **1982** 1.1.–28.11. Waage, 29.11.–31.12. Skorpion, **1983** 1.1.–6.5. Skorpion, 7.5.–24.8. Waage, 25.8.–31.12. Skorpion, **1984** Skorpion, **1985** 1.1.–16.11. Skorpion, 17.11.–31.12. Schütze, **1986–1987** Schütze, **1988** 1.1.–14.2. Schütze, 15.2.–31.12. Steinbock, **1989–1990** Steinbock, **1991** 1.1.–6.2. Steinbock, 7.2.–31.12. Wassermann, **1992–1993** Wassermann, **1994** 1.1.–28.1. Wassermann, 29.1.–31.12. Fische, **1995** Fische, **1996** 1.1.–6.4. Fische, 7.4.–31.12. Widder, **1997** Widder, **1998** 1.1.–8.6. Widder, 9.6.–24.10. Stier, 25.10.–31.12. Widder, **1999** 1.1.–28.2. Widder, 1.3.–31.12. Stier, **2000** 1.1.–9.8. Stier 10.8.–15.10. Zwillinge, 16.10.–31.12. Stier, **2001** 1.1.–20.4. Stier, 21.4.–31.12. Zwillinge, **2002** Zwillinge, **2003** 1.1.–3.6. Zwillinge, 4.6.–31.12. Krebs

Saturn im Widder – ÜBER DIE KRAFT HERRSCHEN

Saturnstärken Ehrgeizig, machtvoll, führungsbegabt, durchsetzungsstark, edel
Saturnschwächen Rechthaberisch, sarkastisch, bösartig, bissig, gemein

In Ihrem Leben geht es darum, Ihre Wildheit zu bändigen, Ihre Emotionen zu zügeln und Ihren persönlichen Willen einem höheren Ziel, einer Idee mit allgemeinem Wert unterzuordnen. Beschreiben ließe sich Saturn als »Pferdeflüsterer« und das Widderzeichen als wildes Pferd, aus dem ein edles Wesen werden soll, das seinem Reiter seine feurige Energie voll und gern zur Verfügung stellt.
Es besteht allerdings auch die Variante, die Wildheit zu brechen und sie zu unterdrücken. Das machen viele Menschen mit Saturn im Widder. Sie verdrängen und vergessen ihre Wildheit und sind schließlich im Besitz eines, um es salopp auszudrücken, alten Kleppers. Die andere Möglichkeit bedarf großer Geduld und harter Arbeit an sich selbst. Man muß die Auseinandersetzung mit dem Leben als Läuterungsprozeß begreifen und Kritik nicht als Verhinderung oder Bösartigkeit des Schicksals, sondern als einen Wink Saturns nehmen. Und es ist notwendig, Emotionen, Wünsche und Sehnsüchte zu hinterfragen und dem Prozeß der Läuterung unterzuordnen.

Saturn-Check
Wo muß ich mich Saturn beugen? Ich muß mein Feuer zähmen und Geduld lernen.
Auf welchen Wegen führt mich Saturn zum Erfolg? Durch Verhinderung, Kritik und Strafe – damit ich vollkommen werde.

Saturn im Stier – ÜBER DIE LUST HERRSCHEN

Saturnstärken Beharrlichkeit, Festigkeit, Standhaftigkeit, Sparsamkeit
Saturnschwächen Geiz, Gefühllosigkeit, Sturheit, Gier, Neid, Existenzangst

Menschen mit Saturn im Stier nehmen sich vom Leben mehr, als ihnen zusteht, und leiden dann unter den Folgen. Man ißt und trinkt mehr, als man verdauen kann – und nimmt zu, setzt Fett an, bekommt Bewegungsprobleme und wird unter Umständen krank. Des Mammons wegen arbeitet man mehr und härter, als einem guttut – und wird nervös, gestreßt und ist zum Schluß arbeitsunfähig. Man legt sein Geld in Geschäften an, die man nicht übersieht – und zu guter Letzt ergeht es einem wie Hans im Glück: Man besitzt gar nichts mehr.
Man lebt also über seine Verhältnisse, und das von Kindesbeinen an. Dramatische Auseinandersetzungen mit Eltern und anderen Erwachsenen sind die Folge, wobei zunächst immer die anderen die »bösen, versagenden und mißgünstigen« Menschen sind. Aber es ist Saturn, der einem das Leben schwermacht. Er verlangt Verzicht, und das gerade dort, wo das Leben am meisten Spaß macht. Das ist ein harter, mühsamer, frustrierender Weg. Auf der anderen Seite entwickelt man auf diese Weise eine besonders feine Sinnlichkeit, wird zum Genießer der kleinen Dinge und der wirklichen Köstlichkeiten des Lebens. Auf dem Weg dorthin hält einem Saturn jedoch jede »Verfehlung« vor: Wer uneingeschränkt seiner Lust folgt, bekommt dafür früher oder später die Rechnung.

Saturn-Check

Wo muß ich mich Saturn beugen? Ich darf meiner Lust und meinen Wünschen nicht nachgeben. Auch gegenüber sämtlichen materiellen Werten – Geld und Reichtum – bedarf es Aufmerksamkeit.
Auf welchen Wegen führt mich Saturn zum Erfolg? Durch Leid, Schmerzen, Versagung und Verhinderung, unter Umständen auch durch Krankheit.

Saturn in den Zwillingen – ÜBER DIE LEICHTFERTIGKEIT HERRSCHEN

Saturnstärken Klarheit, Überblick, das Wesentliche erkennen, literarisches Geschick, geistige Wendigkeit
Saturnschwächen Die Wahrheit verdrehen, Unsicherheit, Besserwisserei, Charakterschwäche

Ihre Aufgabe ist es, sich im Leben nicht zu verzetteln, die Wahrheit zu finden und nicht ihren Schein, Wissen zu erwerben, das wirklich nützlich ist. Sie gehen Ihr Lebtag lang in eine Schule, in der Sie lernen, immer besser zu werden, immer mehr Kenntnisse zu erwerben. Aber dieses »Besser« und dieses »Mehr« sind nicht einfach quantitativ gemeint. Es geht um einen großen Reifungsprozeß.
Was ist der Grund, Sie dermaßen streng zu disziplinieren? – In Ihrer Persönlichkeit findet sich ein unglaublich leichtfertiger Anteil. Aus der Sicht des (Über-)Lebens heraus braucht es daher eine andere, eben die saturnische Kraft, damit Sie sich nicht aus dieser Leichtfertigkeit heraus selbst schaden. In Ihrer Tiefenpsyche herrscht also ein berechtigter Zweifel an Ihren Kontrollfunktionen. Das ist der Grund für die Strenge Saturns. Wenn Sie mit Ihrem Saturn in den Zwillingen behutsam und richtig umgehen, dann »schleifen« Sie sich selbst, werden nicht überheblich, sondern orientieren sich an anderen und suchen sich Lehrer und Meister, die Ihnen helfen, vollkommener zu werden.
Worauf Sie noch achten müssen: Mit dieser Saturnstellung neigt man zu einsamen Entschlüssen. Sozusagen als Gegenreaktion auf die Leichtfertigkeit wird man zum Dogmatiker und Besserwisser, zu einem, der alles mit dem Kopf checkt. Eine solche Haltung entspricht nicht dem Wunsch Saturns.

Saturn-Check
Wo muß ich mich Saturn beugen? Ich muß lernen, Kritik konstruktiv zu nehmen. Ich muß über sämtliche Konsequenzen meines Verhaltens Bescheid wissen.
Auf welchen Wegen führt mich Saturn zum Erfolg? Durch Verhinderung, Mißerfolg und Demütigung.

Saturn im Krebs – ÜBER DIE GEFÜHLE HERRSCHEN

Saturnstärken	Selbstbeherrschung, seine Gefühle im Griff haben, zum Kern vordringen, Distanz, Wahrhaftigkeit, Zuverlässigkeit
Saturnschwächen	Gefühlskälte, Rückzug, Mißtrauen, Pessimismus

Ihr Saturn hat Sie auf eine besondere Lebensreise geschickt: Aus einem Wesen, das seinen Gefühlen und Instinkten folgt, soll ein Mensch werden, der sein Leben nach Einsicht, Wahrheit und höherem Wissen steuert. Der Weg ist überaus schwierig und schmerzlich. Saturn hat Ihnen nämlich Angst vor dem Glück und sogar vor der Liebe eingepflanzt. Als wäre es für Sie verboten, Zufriedenheit zu kosten. Als müßten Sie immer wieder die Erfahrung machen, daß das Leben bitter ist.
Woher kommen diese Ängste? – Ihre Psyche ist geprägt von traumatischen Erfahrungen. Es kann sein, daß diese Erfahrungen aus früheren Leben stammen. Es ist aber genauso möglich, daß Sie mit bestimmten existentiellen Erfahrungen Ihrer Ahnen verbunden sind. Jedenfalls lebt in Ihnen die Angst fort, Ihre Gefühle könnten mißbraucht werden, so wie es schon einmal geschehen ist. Deswegen mißtraut Saturn grundsätzlich allen Gefühlen. Es ist reiner Schutz. Sie sollen über die Gefühle hinauswachsen, unabhängig und frei von ihnen werden. Aber Sie dürfen Saturn auch nicht zum Alleinherrscher über Ihr Leben erheben und grundsätzlich vor Gefühlen davonlaufen. Sie sollen klüger, erfahrener ins Leben treten, damit Ihnen nichts Schlechtes widerfährt. Ziel Ihres Lebens ist, Ihre Vergangenheit zu überwinden, nicht vor ihr zu kapitulieren. Stellen Sie sich Ihren Gefühlen! Sie sind kein Kind mehr, das man verletzen kann. Sie sind eine erwachsene, starke Person!

Saturn-Check

Wo muß ich mich Saturn beugen? Ich muß lernen, über meine Gefühle hinauszuwachsen.
Auf welchen Wegen führt mich Saturn zum Erfolg? Durch Angst, Schmerzen, Versagung und Leid.

Saturn im Löwen – ÜBER DAS EGO HERRSCHEN

Saturnstärken Selbstbeherrscht, erhaben, edel, vollendet sein
Saturnschwächen Arrogant, selbstherrlich sein

Mit Saturn im Löwen ist man dafür bestimmt, das Höchste anzustreben – und muß doch immer wieder die Erfahrung machen, ganz unten zu sein. Diese Saturnposition schmiedet Menschen, die Ruhm und Ehren erwerben, Meister und Führungspersönlichkeiten. Aber der Weg dorthin ist beschwerlich; es muß viel erduldet, durchgemacht und verstanden werden. Das Leben pendelt zwischen Macht und Ohnmacht, zwischen Stolz und Scham hin und her. Allmählich entwickelt man Angst vor Macht, Verantwortung und Erfolg – und wird doch auch regelrecht davon angezogen.
Saturn im Löwen kann mit der Zeit zu Unlust dem Leben gegenüber führen. Dagegen muß man dann selbst »zu Felde ziehen«. Zuvor braucht es die Einsicht, was Saturn eigentlich bezwecken möchte. Diese Saturnposition ist die Folge von Machtmißbrauch. Vielleicht hat man in einem früheren Leben versagt, die Verantwortung nicht übernommen. Vielleicht trägt man aber auch an einer Schuld der eigenen Ahnen.
Saturn im Löwen »erzieht« einen dazu, sein Wirken, sein Verhalten und Sein zu überdenken und hinsichtlich sämtlicher Konsequenzen zu verantworten. Dazu gehört im besonderen das Verhalten als Vater bzw. Mutter den eigenen Kindern gegenüber. Man muß die Verantwortung selbst dann übernehmen, wenn man nach gängiger Meinung davon freigesprochen wird, wie zum Beispiel bei einer Krankheit oder einem Unfall.

Saturn-Check
Wo muß ich mich Saturn beugen? Ich muß lernen, Verantwortung zu übernehmen.
Auf welchen Wegen führt mich Saturn zum Erfolg? Er behindert mich, ich werde gedemütigt, kritisiert.

Saturn in der Jungfrau – ÜBER DEN KÖRPER HERRSCHEN

Saturnstärken Treue, Anhänglichkeit, Arbeitseifer, Selbstkontrolle, Genügsamkeit
Saturnschwächen Ernst, Pedanterie, Kritiksucht

Wenn sich Saturn in der Jungfrau niederläßt, trifft Kontrolle auf Kontrolle. Denn allein das Zeichen Jungfrau bedeutet, daß man seine Gefühle, seine Triebe, seinen Sex, seinen gesamten Körper im Griff hat. Wenn dann Saturn noch hinzukommt, verdoppelt sich die vorsichtige und kritische Einstellung. Bei dermaßen viel Skepsis muß in der Vergangenheit (in einem früheren Leben, in der eigenen Ahnenreihe) etwas geschehen sein, das große Angst hervorgerufen hat: Angst vor Sexualität und dem damit verbundenen Akt der Zeugung, Angst vor Schwangerschaft und Geburt. Saturn in der Jungfrau verweist auf ein »Versagen« in diesem Bereich: Vielleicht mußte eine Schwangerschaft abgebrochen werden, möglicherweise kam ein Kind tot zur Welt, oder beide, Mutter und Kind, kamen zu Tode.
Saturn in der Jungfrau schiebt jetzt einen Riegel vor Sex und Zeugung, blockiert die Gefühle, verringert die Lust, versucht, aus dem »Tiermenschen« mit seiner Abhängigkeit von Lust und Trieben einen Homo sapiens im wahrsten Sinne des Wortes, einen »weisen« Menschen, zu machen. Saturn verhindert also und weckt zugleich die Sehnsucht, das Körperhafte des Lebens zu transformieren, ein Wesen zu sein, dessen Energie nicht den Lenden, sondern dem Geist entspringt. Das heißt beileibe nicht, gleich in ein Kloster zu ziehen. Aber sich mit diesem Thema auseinanderzusetzen, das bleibt niemandem erspart, der Saturn in der Jungfrau hat.

Saturn-Check

Wo muß ich mich Saturn beugen? Ich muß lernen, meine Lust zu kontrollieren.
Auf welchen Wegen führt mich Saturn zum Erfolg? Durch Versagen, Enttäuschung, Krankheit und – last, not least – Einsicht.

Saturn in der Waage – ÜBER DIE LIEBE HERRSCHEN

Saturnstärken Gerechtigkeitssinn, Ausgewogenheit, wahrhaftig lieben können
Saturnschwächen Disharmonie, Unzufriedenheit, Gefühlskälte, Einsamkeit

Saturn in der Waage bedeutet die lebenslange Aufforderung, nach der »richtigen, wahren« Liebe zu suchen. Ihr gilt das ganze Sehnen und Streben. Um sie zu finden, müssen jede Menge Enttäuschungen verkraftet werden. Denn was man für Liebe hält – den Rausch der Sinne, überwältigende Gefühle, Herz und Schmerz –, hat vor Saturn noch lange keinen Bestand. In seinen Augen heißt Liebe, daß sich ich und du, der eine und der andere, gleichwertig gegenübertreten. Niemand ist kleiner oder größer, gescheiter oder dümmer, wichtiger oder unbedeutender, reifer oder naiver. Das klingt einfach und ganz selbstverständlich, ist es aber nicht. Menschen haben von Natur aus das Bestreben, sich selbst zu verwirklichen, andere (und dazu zählen auch Partner) hingegen hintanzustellen. Darüber hinaus besteht Saturn auf Zuverlässigkeit. Vor ihm zählt noch das »eherne Gesetz«: »... bis daß der Tod uns scheidet!«
Es müssen gravierende Dinge geschehen sein (in einem früheren Leben, in der Ahnenreihe), daß jetzt Saturn persönlich über die Liebe wacht. Es kam zu unwürdigem Verhalten. Jemand wurde im Stich gelassen. Die Liebe wurde verraten. Herzen wurden gebrochen ... Jetzt »zahlen« Sie dafür. Aber es ist keine Rache oder Strafe. Saturn macht sich stark, damit Sie die gleichen Fehler vermeiden. Er bringt Sie auf den Weg, und er läßt Sie leiden, solange Sie nicht angekommen sind.

Saturn-Check
Wo muß ich mich Saturn beugen? Ich muß lernen, verbindlich zu sein.
Auf welchen Wegen führt mich Saturn zum Erfolg? Durch »falsche« Liebe, Liebeskummer und Alleinsein.

Saturn im Skorpion – ÜBER DIE VERGÄNGLICHKEIT HERRSCHEN

Saturnstärken Tiefe, Zugehörigkeit, Willenskraft, Verbundenheit mit den Ahnen
Saturnschwächen Engstirnigkeit, Fanatismus

Saturn im Skorpion verweist auf tragische, leidvolle Erfahrungen. Könnte man sein Leben rückwärts ablaufen lassen, so würden rasch Szenen auftauchen, in denen man auf der Flucht, vertrieben, ohne Heimat, ohne Zugehörigkeit, ohne Familie ist. Auch bei den Ahnen, den Eltern, Großeltern und noch weiter zurück herrschen diese Themen vor. Man hat keine richtigen Wurzeln, kein Erbe, das man übernehmen, keine Fußstapfen, in die man treten kann. Wenn man zurückschaut, finden sich Leben ohne Glanz, ohne Würde, ohne Höhepunkte. Daher drängt einen Saturn mit aller Macht dazu, seinem Leben einen Wert zu verleihen. Denn das Gefühl, daß die eigenen Ahnen ein würdeloses Leben führen mußten, formt sich in den Seelen der Nachkommen zu einem großen, mächtigen Anspruch, es besser zu machen, den Gipfel zu ersteigen.
Saturn im Skorpion veranlaßt einen, die dünnen Fäden aus der Vergangenheit aufzuspüren und im Laufe des Lebens ein Netz daraus zu knüpfen – um so wieder einen Halt zu finden. In der Weise, wie man sich umdreht und vor der Vergangenheit verneigt, bekommt man eine Verbindung zu den Ahnen und der eigenen Vergangenheit und erhält Kraft und Wissen. Das ist der »Dank der Ahnen«. Weil man sich ihrer annimmt, erfährt man ihren Schutz, steht nie allein im Leben. Hinter einem steht die Kraft der Vergangenheit.

Saturn-Check
Wo muß ich mich Saturn beugen? Ich muß mich vor der Vergangenheit verneigen.
Auf welchen Wegen führt mich Saturn zum Erfolg? Durch hohe Ansprüche an mich selbst und mein Leben.

Saturn im Schützen – ÜBER WAHRHEIT UND WISSEN HERRSCHEN

Saturnstärken Pioniergeist, Mut, Weisheit, Stärke, Wahrhaftigkeit
Saturnschwächen Dünkel, Zynismus, Grausamkeit

Saturn im Schützen bedeutet eine Reise zu sich selbst. Es ist, als würde dieser Planet zu einem sagen: »Such deinen eigenen Weg! Laß dich nicht von anderen beeinflussen. Hör nur auf dich ...!« Diese starke Hinwendung zu sich selbst und gleichzeitige Abkehr von anderen beruht auf einer Reihe großer Enttäuschungen in der Vergangenheit (der eigenen bzw. derjenigen der Ahnen), bei denen der Glauben an andere Menschen verlorenging: Vielleicht versagte ein Arzt, es unterlief ihm ein Fehler, oder er gab sich zuwenig Mühe. Vielleicht wurde man auch in seinem Glauben zutiefst erschüttert, weil »Gott« etwas Schreckliches zuließ, einem nicht beistand. Es gehört auch zur Vergangenheit von Menschen mit Saturn im Schützen, daß man – um zu überleben – seinem Glauben abschwören mußte. Jedenfalls bestand am Anfang eine große Hoffnung, die schließlich in eine große Enttäuschung mündete.
Mit Saturn im Schützen hat man einen Vertrauten an seiner Seite, einen, der hilft, derartige Enttäuschungen zu vermeiden. Mit diesem Saturn ist man von vornherein skeptisch. Man kommt bereits mit Mißtrauen auf die Welt, und im Laufe der Jahre gewöhnt man sich immer stärker daran, alles in Frage zu stellen. Man wird ein Mensch, der zwischen Illusion und Wahrheit genau unterscheiden kann. Man wird weise.

Saturn-Check
Wo muß ich mich Saturn beugen? Ich muß lernen, mir selbst immer mehr zu vertrauen.
Auf welchen Wegen führt mich Saturn zum Erfolg? Durch Enttäuschungen, Fehlschläge und Irrwege.

Saturn im Steinbock – ÜBER SICH HERRSCHEN

Saturnstärken Klarheit, Standhaftigkeit, Verantwortlichkeit, Führungskompetenz, Selbstbeherrschung
Saturnschwächen Kälte, Rücksichtslosigkeit, Einsamkeit

Mit dieser Position besitzt man einen besonders mächtigen Saturn. Das beruht darauf, daß er der regierende Planet des Tierkreiszeichens Steinbock ist. Man sagt, er sei dort zu Hause und könne sich gut entfalten, seine Kraft verdoppelt sich im Steinbock. Auf der einen Seite führt das dazu, daß Sie kontinuierlich an einer Lebensaufgabe arbeiten. Sie lautet: etwas Großes im Leben vollbringen! Auf der anderen Seite führt diese doppelte Saturnkontrolle dazu, sich selbst zu mißtrauen: Sie haben Angst vor sich selbst, Ihren Gefühlen, Ihren Absichten, Ihrem Tun.
Diese Angst hat ihre Wurzeln in der Vergangenheit (in einem früheren Leben, im Leben Ihrer Ahnen), in der Sie bzw. Ihre Vorfahren ausgenutzt, manipuliert oder sogar mißbraucht wurden. Zu denken ist auch an Verführung oder gewalttätigen Mißbrauch von Kindern, wohl die verwerflichste Untat. Irgend etwas dieser Art ist geschehen, daß Sie sich heute nicht mehr selbst vertrauen. Für Sie sind Menschen gefährlich, unberechenbar, zu allem fähig.
In der Weise, wie Sie älter werden und sich selbst beweisen, daß das Leben, Sie, die anderen berechenbar sind, werden Sie neues Vertrauen schöpfen. Sie werden neue Gefühle entdecken, Gefühle, die weniger aus dem Bauch, sondern aus dem Herzen kommen. Sie können lieben und mit anderen Menschen zusammensein. Aber Sie können auch allein sein. Sie sind unabhängig, selbständig, und Ihr Leben wird getragen von Stimmigkeit und Zufriedenheit.

Saturn-Check
Wo muß ich mich Saturn beugen? Ich muß lernen, Herr meiner selbst zu sein.
Auf welchen Wegen führt mich Saturn zum Erfolg? Durch Angst, Vorsicht, Enttäuschung.

Saturn im Wassermann – ÜBER DAS CHAOS HERRSCHEN

Saturnstärken Individualität, Erfindertum, Menschlichkeit
Saturnschwächen Chaotisch, verwirrt und verrückt sein, Hochstapelei

Menschen mit Saturn im Wassermann suchen etwas besonders Wertvolles im Leben, nämlich Individualität. Individualität ist kostbar. Zwar sagt man leicht dahin, jeder sei ein Individuum. Aber das ist hier nicht gemeint. Ein Individuum in diesem Sinne besitzt einen ganz eigenen Charakter, etwas völlig Besonderes und Einmaliges. Dadurch unterscheidet sich der einzelne von allen anderen Menschen, vergleichbar einem einzeln stehenden Baum in einer Landschaft.
Dieser Wunsch nach Individualität ist uralt. Sie tragen ihn schon lange (viele Leben, durch Generationen hindurch) mit sich herum. Sie sind aus der Gesellschaft ausgebrochen, haben Ihre Familie verlassen – immer auf der Suche nach Freiheit, nach Individualität. Sie haben Menschen mit anderem Glauben, aus anderen Ländern und aus anderen sozialen Schichten geliebt. Kinder kamen, noch bevor ein längeres Zusammenleben überhaupt zur Diskussion stand. Sie selbst entstammen letztendlich einer derartigen »Augenblicksverbindung«. Sie verdanken Ihr Leben einem »Zufall«, einer Laune des Lebens und der Spontaneität und Freiheit Ihrer Vergangenheit.
Aber Sie waren auch blind und unwissend und erlebten daher grandiose Irrungen und Verwirrungen. Sie erlitten die große Angst vor dem Chaos, vor einem Sein ohne Ordnung und Sicherheit. Sie wurden ausgestoßen und verbannt, verjagt und geächtet. – Jetzt begleitet Sie Saturn. Sie werden Ihr freies Leben fortführen und sich dabei immer sicherer am Chaos vorbeimanövrieren.

Saturn-Check
Wo muß ich mich Saturn beugen? Ich muß lernen, meine Individualität zu leben, ohne im Chaos unterzugehen.
Auf welchen Wegen führt mich Saturn zum Erfolg? Durch Reinfall, Bruchlandung und Fehlentscheidung.

Saturn in den Fischen – SEIN MITGEFÜHL BEHERRSCHEN

Saturnstärken Toleranz, Opferbereitschaft, Weitblick, Visionen
Saturnschwächen Ich-Schwäche, Isolation, Selbstzweifel

Saturn in den Fischen bedeutet ein Geheimnis. Wie im Märchen wird Ihnen aufgetragen, sich auf eine Reise zu begeben. Wohin? Vielleicht zum Ende des goldenen Regenbogens. Oder ans Ende der Welt. Oder nirgendwohin. Mit Saturn in den Fischen ist einem zwar ein Geheimnis in die Wiege gelegt – aber mehr weiß man nicht. Das Geheimnis hat damit zu tun, daß in Ihrer Vergangenheit (in einem früheren Leben, in Ihrer Ahnenreihe) jemand verschwiegen wurde: ein Kind, eine andere Frau, der richtige Vater … Dieses verleugnete, verschwiegene, verheimlichte Leben fehlt jetzt Ihrer Seele, und sie sucht danach, ohne daß Sie es selbst bewußt wahrnehmen.
In Ihrer Vergangenheit existieren solche Geschehnisse. Von daher haben Sie ein besonderes »Organ« für Unrecht und Lüge. Wo immer in dieser Welt Unrecht geschieht, leiden Sie mit. Jedes Leid zieht Sie regelrecht an. Aber das hat auch fatale Folgen für die Liebe. Sie neigen dazu, sich einen Partner zu suchen, der ganz besonders der Liebe bedarf, weil er unglücklich ist. Dann können Sie ihm – so glauben Sie zumindest – all das angedeihen lassen, was in der Vergangenheit nicht geschehen ist: grenzenlose Liebe. Sie nehmen ihn an. Sie sind für ihn da. Sie verstoßen ihn nicht.
Aber das ist der falsche Weg. Sie müssen mit der Vergangenheit fertig werden und sie nicht ständig vor sich hertragen. So wiederholen Sie Ihr Karma nur. Sie müssen nicht aufhören, andere zu lieben. Aber Sie dürfen das rechte Maß nicht aus dem Auge verlieren.

Saturn-Check
Wo muß ich mich Saturn beugen? Ich muß mich mit meiner Vergangenheit auseinandersetzen.
Auf welchen Wegen führt mich Saturn zum Erfolg? Durch Desillusionierung und Enttäuschung.

Schon immer suchte der Mensch einen Halt bei den Sternen

Info:

IHR PROFESSIONELL ERRECHNETES HOROSKOP

Im Computerzeitalter ist es ein leichtes, die exakte Horoskopzeichnung eines Menschen in Sekundenschnelle anzufertigen, wenn man die dazu erforderlichen Daten (siehe unten) eingegeben hat. Es dauert auch nicht lange, bis der Rechner dann die entsprechenden Deutungen aus Textbausteinen zusammenstellt. Daher gibt es inzwischen zahlreiche Anbieter, bei denen Sie mehr oder weniger preisgünstig Horoskope mit und ohne Interpretation erhalten können.
Beim Verfasser dieses Buches kann man gegen Vorauszahlung von 20,– DM/10,– Euro (in bar oder als Scheck; ab 2002 bitte in Euro) ein Geburtshoroskop (nur Zeichnung) bestellen. Bitte Name, Adresse, Geburtstag, Geburtszeit (gegebenenfalls beim Standesamt des Geburtsortes erfragen) und Geburtsort (bei kleineren Orten auch zusätzlich die nächste größere Stadt) angeben.
Wenn Sie möchten, können Sie hier auch eine vom Computer erstellte Persönlichkeitsanalyse anfordern. Der Preis für die etwa zwanzig Seiten umfassende Interpretation beträgt 60,– DM/30,– Euro inklusive Horoskop.
Sie können ebenso eine vom Computer berechnete Jahresprognose bestellen. Die kleine Vorausschau (zirka 15 Seiten, nur langsam laufende Planeten) kostet 60,– DM/30,– Euro. Die große Vorausschau (etwa 50 Seiten mit Merkur, Venus und Mars) kostet 80,– DM/40,– Euro (bitte Zeitraum angeben).
Sie haben dann eine zuverlässige Vergleichsmöglichkeit und können Ihre ganz individuellen Prognosen mit Büchern wie diesem abstimmen.

Die Adresse:

Erich Bauer
Postfach 22 11 15

80501 München

Saturn → WAAGE

MARS → LÖWE